我们的世界

Our World
Proceedings of Silver Lake Salon

银湖沙龙/主编

中国经济出版社
CHINA ECONOMIC PUBLISHING HOUSE
北 京

图书在版编目（CIP）数据

我们的世界 / 银湖沙龙主编. --北京：中国经济出版社，2022.9

ISBN 978-7-5136-7096-8

Ⅰ.①我… Ⅱ.①银… Ⅲ.①城市化-研究-世界 ②老工业基地-旧城改造-研究-世界 Ⅳ.①F299.1 ②TU984.13

中国版本图书馆 CIP 数据核字（2022）第 174298 号

策划编辑 赵静宜
责任编辑 黄傲寒
责任印制 马小宾
封面设计 久品轩

出版发行 中国经济出版社
印 刷 者 北京柏力行彩印有限公司
经 销 者 各地新华书店
开　　本 710mm×1000mm 1/16
印　　张 9.5
插　　页 0.25
字　　数 105 千字
版　　次 2022 年 9 月第 1 版
印　　次 2022 年 9 月第 1 次
定　　价 78.00 元
广告经营许可证 京西工商广字第 8179 号

中国经济出版社 **网址** www.economyph.com **社址** 北京市东城区安定门外大街 58 号 **邮编** 100011
本版图书如存在印装质量问题，请与本社销售中心联系调换（联系电话：010-57512564）

序
PREFACE

智库不仅是研究政策、建言咨政的机构，也是交流思想、启迪民智的重要平台。我院是1989年创办于深圳经济特区的一家社会智库，2015年入选首批25家国家高端智库建设试点单位。银湖沙龙为由我院内、外一批资深专家共同发起，以民间学术交流为主要形式的公益性平台。十多年来，其各类主题活动新颖而活跃，不同专家观点精彩纷呈，已成为我院一个汇聚大众智慧、探讨社会问题、发挥智库作用的知名招牌。

本次银湖沙龙将近几年来涉及全球城市化、国际大变革的相关主题活动收录为集，有关于欧美城市化正反两面经验的，有探讨气候治理下发展范式转变的，还有介绍物联网时代未来城市远见的，等等。其中，我还有幸到现场参加了几期活动，今又结合其他主题活动览文回顾，有了新的认知和收获，简述如下：

第一，我们要关注我们的世界。唯有关注我们的世界，才能知道“巨人的肩膀”在哪里，才能站在“巨人的肩膀”上看更远、走更远。当然，本书的主题并非仅止于此，它还告诉我们：“心有多大，舞台就有多大”，要从世界的问题出发，勇敢探索世界未来的方向，如此，我们的事业才能真正变得伟大。

第二，我们要以人为本而不是以物为本。无论是城市化还是逆城市化，也无论是城市膨胀、衰落抑或复兴，都有其内在的规律，但人是最重要的，一切的核心是人。对此，黄铁屿老师发问，未来城市发展的方向是什么？李津逵老师从企业家重返、年轻人再现的“青苹之末”，洞见底特律未来复兴之希望。

第三，快就是慢，慢就是快。曾真老师介绍了去德国考察的一个面积为0.8平方公里的老港区改造项目，工作人员开玩笑说这样规模不大的项目他们却需要100年来完成。虽说这里有人们勤与懒的问题，但全世界都可看到德国高质量的城市化成果。我们应时刻自我提醒——磨刀不误砍柴工，要从人类文明发展的高度，谨慎对待新城建设、旧城更新、文脉保护等领域的开发项目。

众多观点与智慧碰撞于银湖沙龙的活动现场，并被原汁原味地收录在本书之中。以上我的浅显理解，仅为抛砖引玉，希望大家开卷有益、掩卷有思，也希望未来银湖沙龙有更多的精彩活动，让更多的人知然而勇毅前行！

是为序！

刘国宏

综合开发研究院（中国·深圳）副院长

目录
CONTENTS

美国的城市化

我们的世界

第121期银湖沙龙

嘉　宾：黄铁屿　美国洛杉矶社区重建局总规划师

主持人：李津逵　综合开发研究院（中国·深圳）理事、资深研究员，中国市长协会顾问

李津逵　黄铁屿博士在美国做城市规划、城市建设、旧城改造等工作时间长达40余年。黄博士自己的住宅就是EQ Home，经常有附近社区的人或者学生组成一个小团队来参观，黄博士常常拿出半天时间，让他们看楼上楼下和前后院的50多种、500多株植物，并且为他们介绍40多种生态环保技术。

黄博士自己也在身体力行地做节能环保工作，他对于美国城市规划、城市更新中的政策极其熟悉。

黄铁屿　我1975年去了美国，在那生活了40余年。我在企业

部门做过很多事情，在做规划设计的私人企业里当过设计师、规划师、项目经理，也在私人房地产企业担任过副总裁的职务，最后的工作是在洛杉矶市政府的社区重建局专门做旧城改造，在那里工作了24年。2010年底，我离开社区重建局，正式退休了，开始做我自己想做的事情。

从十几年前开始，我就常常来中国，每年都会来两三次。我其实并不需要这么早退休，在洛杉矶是没有退休年龄要求的。但是，当我在一个单位工作的时候，基本上只有在假期才能来中国，而假期是非常有限的。我提早退休的原因，就是希望能够常常到中国来，分享我在美国工作近40年积累的经验。现在我日程安排非常自由了，在中国待的时间也可以比较长。

今天我分享的内容偏重规划方面，包括城市化的比较、城市化发展动力和特色、城市化和郊区化的进程、快速发展的城市面临的挑战以及结论。

每个国家都有自己的特色，美国的各种城市系统跟中国都有很大的差别。今天分享的内容只能作为一个参考，每个国家的特色造成了发展情形的不同。因为中国有土地财政，所以有一连串的东西是美国没有的。美国没有所谓的由国家推动城市化的经济发展政策。

我们来做一个简单的比较：美国在1940年，也就是在第二次世界大战期间，城市化停滞了，在此之前，美国的城市化速度很快，之后就开始缓慢下来，现在美国的城市化率大概达到了80%。中国在近几年里，城市化的速度开始加快。要特别指出的一点是，美国城市化起步很早，比中国早了很多年，在1918年，美国的城市化率就已经达到30%了。虽然美国城市人口在不断增加，可是农村人口并没有减少，这跟中国的城市化不同，中国城市化主要体现为农民进城了，农村人口减少，城市人口增加，而美国农村人口基本上没有太大的变化，只是城市人口在增加。这是美国城市化跟中国不太一样的地方。

我们再做一个比较：中国跟美国，国土面积是差不多的，区别在于，美国人口比中国少很多，所以在人均土地资源上，美国比中国高很多，这纯粹是因为美国的人口相对较少。更重要的是，美国适宜开发的土地或者宜居的土地比中国多得多，中国有山的地区的面积占土地总面积的比重较大，还有一部分是沙漠，也就是说，虽然中国的土地面积很大，但是适合开发、居住的非常有限。

美国还有一个中国没有的特色资源，就是中国只有东部和南部靠海，而美国的西岸是太平洋、东岸是大西洋。美国南岸是大西洋的内海，也是靠海的。美国北边约1/3的土地跟加拿大的五大湖区接壤，所以美国的四面都有水。当有水资源的时候，开发的强度、资源的丰富程度是非同凡响的。在中国，东部沿海地区发展得快，内陆地区发展得相对较慢，就是因为水资源是城市发展的一个非常重要的动力。

除此之外，美国的地形得天独厚，东边是山脉，西边是高原，中间是大平原，这个大平原的水系丰富，在这里形成了很多城市。虽然美国有两片山区，可是这两片山区同时也是它的林地。西部大高原基本上是林地，有很多牧区都在这些林地里面。美国97%的土地供养着3%的人口，不同城乡虽然也有很大的区别，可是这些资源都在支撑着这3%的人口，同时，美国还有很多资源是卖到世界各地的。美国有20%的农地、26%的牧草地、29%的林地，都在做生产贸易。

美国在1862年就有了一个法案，叫《宅地法》。政府允许老百姓拥有土地。为什么呢？因为政府知道，美国有这么多土地，政府要开发这些土地要投入很多金钱、很多人力。但是如果土地是在私人手上，私人会很自觉地进行开发，因为人只有在拥有自己的家园的时候，才会全力以赴。这种私人财产制的观念是美国文明发展的根基。

《宅地法》吸引了很多外国移民，到今天，美国还是一个移民颇多的国家。过去美国是用土地来吸引移民的，今天，有了所谓的《新移民法》《投资移民法》，外国人可以凭借一定的资产移民美国，而来到美国，这个人就有了一个家园，这个家园相对是独立的。为什么人会选择移民？为什么要从欧洲移民到美国？就是因为有这种机会。但是近年来，情形变了，因为从2007年底开始，经济不景气，人们光是靠辛勤工作没办法实现富足，这是令人感到非常遗憾的事情。

今天我给大家介绍美国的一些人口迁移过程。

美国的第一次人口迁移发生在1916到1930年，美国黑人从南部往北部迁移。美国的黑奴解放之前，都在美国的南部，在棉花田里工作，基本上都是农民，完全没有到城市生活的能力，所以他们不敢轻易迁移。但是从1916年开始，他们就成群结队地往北部迁移了。

在那个时候，很多公共工程项目建设需要人，所以很多黑人就趁这个机会到北边去了。有一部分人到了加州，大部分人到了北边，造成美国城市本来都是白人，现在开始有黑人进来了。这奠定了黑人变成城市人口的重要基础。在此之前，他们都是农村人口。

美国的第二次人口迁移发生在20世纪40到70年代，历经大萧条时期。大萧条造成了一些人的迁移，因为那个时候很多人连在农村生活都很困难。1910—1960年，50年间有600万黑人从美国南部慢慢往北部、西部迁移。

有意思的是，黑人不仅变成了城市里的人口，身份地位也发生了很大变化。他们过去是受歧视的，文化水平不高，很多人连小学都没有机会上。但是他们到了城市之后，逐渐变成城市的居民，开始接收到更多资讯，受到更多的社会影响。他们知道自己有权利，有投票权，有更好的生存权，于是开始形成组织，从农民状态变成城市居民的状态。

每个人都有一个梦想，黑人居民的梦想很简单，他们的梦想影响的不仅是黑人。在那个时代，很多女性、很多残障者加入民权运动的行列，我们今天关心的很多议题都是在那个时候形成的。

美国在20世纪70年代就有一系列的环境法案，《清洁水法》《清洁空气法》都是在那个时候建立的，如果不是跟民权运动结合，这些法案是没办法产生的。到今天，这些民权运动还在推动美国社会的发展。

现在我们来谈一谈美国人所谓的美国梦是什么？就是要有一个独立屋。这跟刚才讲的私人家园是类似的，只不过多个独立屋要形成一个区，而不是像一个大草原上的一个单独的房子。当一个人要居住在这种地方的时候，这里必须是一个社区，有社区的理念。

现在美国基本上80%的人是住在城市里的，同时，有近70%的人是住在别墅里的，大概有5%的人住在Membel Home里面，20%的人住在高层公寓里，绝大部分人，无论是拥有还是租赁，都是住在别墅里的。这个比例还在增加，尤其是新的移民，包括从中国去美国的移民，都要买房子，所以这个比例会持续增加。

美国的另外一次人口迁移是跟美国的地理有关系的。美国南部、西部是阳光带，非常温暖。北部是非常寒冷的地方，人们的移动方向就是从东北往西、往南移，这已经延续了很多年。根据最近的人口统计，美国东北部的人普遍年龄很大，因为年轻人更喜欢往南部、西部迁移。城市在发展的过程中，形成了很多老年人社区，现在成为美国的一个很重要的课题。美国的西部、南部也有很多老年人社区。为什么很多老年人会往南部或者西部迁移？因为那边的气候很好，气温很高。

整体来说，美国是一个郊区化的国家，所以我们所说的占比达到80%的城市居民，其实包括了住在城市及大城市郊区的居民。绝大部分人住在郊区，小部分人住在市中心，还有少数人住在农村。除了大城市的市中心有一些高楼大厦，其他地方都是低密度的住宅区，偶尔夹杂一些商业区。

从2020年开始，交通工具的发达也促进了郊区化。所以美国经历了城市化和郊区化两个运动。但是这两个运动不是分开的。

促进美国城市化的另外一个原因是，美国联邦政府从很早就开始鼓励大家进城。一位美国居民只要有一个稳定的工作，基本上就可以贷得到款，可以买房、买车。因为联邦政府这一系列的政策，大家更容易搬迁了。

小汽车的发达，以及高速公路的兴建，使得美国的大城市都是以都会区的形态展现的。所谓的都会区，就是需要消耗很多土地资源、投入很多的资料和能源来建设的别墅小区。

芝加哥是一个代表性的城市，是全美第三大城市，我们可以看到这个城市的市中心是从密歇根往外发展的，很多卫星城市围着它，形成了辐射性的板块。但是需要注意的是，这些卫星城市都是完全独立的，跟中国的地级市的概念是不一样的。在中国，是有一个地级市，地级市之下有很多县级市，都由这个地级市来管。但是在美国不是这样的，卫星城市一旦独立之后，是一个完全自治的城市。

美国都会区基本都是沿海的，美国西部有旧金山、洛杉矶，北部有西雅图，东部有纽约、波士顿，南部有休斯敦，都是沿湖、沿海发展起来的大的都会区。

我们把纽约市作为一个例子来分析：20世纪50到60年代，美国人口的增长都发生在郊区，中心城市人口则出现了负增长。20世纪60到70年代，中心城市人口出现了正增长，但是主要的人口增长还是发生在都会区的郊区，一直到现在都是这样。在市中心区有一些高楼大厦，其他地方都是低密度的住宅。纽约市白天的人口和晚上的人口差异很大，因为居民都住在郊区，住在市区的人很少。所以，通勤的时间，就是大家最痛苦的时间。

美国房地产产业和中国一样，也是一个重要的经济发展引擎，对地方政府来说是很重要的财税来源。在美国，并非每一笔房地产都要交税、每一年要交税。所以政府不希望保有土地，而希望土地都是交给私人的，由私人打理，创造更高的价值，这样政府就可以收更多的税了。

美国的开发是一步一个脚印的，一个城市的发展是一个长期的过程，非常缓慢。

一个有趣的现象是，在美国洛杉矶、休斯敦、芝加哥，几乎没有尖顶楼。洛杉矶市中心最高的楼有73层，屋顶看起来像一个尖塔，可是在屋顶还有一个停机坪。并非美国大城市里全部是平顶楼，但是很多大城市都要求，超过一定高度的楼，必须有一个停机的场所，这样，当发生了火灾，就很容易救火，或者救人。所以我们要思考，在城市化的过程中，我们到底要追求什么。

般而言，人口的移动都是向有水的地方移动。但是联合国告诉我们，过去的30年里，搬到有水灾的岸线的人增加了114%，搬到有风灾的岸线的人增加了200%，说明过去全世界人口移动都是朝着有危险的地方移动。过去的经验告诉我们，这会造成灾难，会造成损失，很可能前期的投入都会被这些灾难抵消掉。这值得我们警惕。

密西西比河是美国的母亲河，2011 年，有很多闹水灾的地方。有一个大城市因为有密西西比河通过，发展得很迅猛，从一个农业集散地变成了一个经济重心，市中心的产业已经不仅限于农牧业，它还成了一个文化产业基地。但是 2008 年，这个城市是淹在水里的。这是大城市，不是小城市，小城市被淹的情况就更严重了。

为什么会这样？因为我们的气候在变化，二氧化碳越来越多了，碳排放越来越严重。如果我们不懂得保护空气，不懂得保护水，就没办法打造低碳城市，没办法打造真正的绿色建筑。

所有国家一致同意要保护现有的森林。但是如果我们不懂得保护森林的方法，把上游的树都砍掉了，就会出现如同密西西比河沿河城市被水淹没的悲剧。森林是水库，又是碳库。当森林不存在的时候，灾难就会发生。

除了森林这个绿色碳库，我们还有一个蓝色碳库。蓝色碳库在哪里？在海岸线，在河湾，在水道。蓝色碳库吸收碳的能力比绿色碳库强很多，整个生态链的平衡，都靠着蓝色碳库维持。

湿地、沼泽地、红树林、海草地吸碳的能力远比热带雨林、温带雨林强，任何破坏水系生态的项目都是造成碳排放的罪魁祸首。所以我们的规划设计绝对不能破坏水系生态。

对水系的保护非常重要。然而我们做了很多不好的事情，原来的水系生态被完全毁掉了。比如，我们建造人工湖，人工湖整个岸线都是石头堆砌的，真正的生态功能很少。我们把密西西比河上游的树林给拔掉了，碳库、水库已经消失了。我们还在密西西比河下游挖了很多人工湖，导致很多内陆湖不见了，因为水源被拦截了。

我们做了很多的工作来改变现状。很多年前，有个政策叫作“退田还湖”，因为我们经历过惨痛的教训，知道水系是要保护的，我们要把田退给湖。可是经济发展以后，开发商要求我们再把土地收回来，再一次对水系产生很大的冲击。连很多的湿地都受到影响。湿地不仅是水库，能够调节水、能够改善水质，还是个碳库。破坏湿地会破坏很多东西。我们不能再从水里要土地盖房子了，这是错误的。我们把湖填满是错误的。

洼地不但没有被扩大来容纳大水，反而被填平了，人们在吸水、渗水的地方铺了一层防水膜。以前只是下大雨，现在成了强降雨，极端气候导致的强降雨，究竟是天灾还是人祸？

河流也跟着减少了。河流的减少代表着碳库减少，因为整个河流本身就是一个碳库。

我给大家分享一个故事：洛杉矶有很漂亮的海岸线，整个加州也被叫作黄金岸线，不仅是加州人，美国全国的人甚至全世界的人，都常常到加州的黄金岸线来享受风景，这里有很好的阳光、很好的沙滩。本来，加州黄金岸线是一个金库，给我们带来了很多的财税收入。但是过去 20 年，我们每年关闭海滩的日子在增加，这表示了什么？表示我们已经不能下水了。一下水，皮肤就会过敏。沿海钓的鱼是不能吃的，因为鱼体内有很多重金属和塑料降解的颗粒。

我们的水系被破坏了，我们的蓝色碳库消失了，我们的绿色碳库变成了仅剩的两排树。当一个城市、一个社区没有防卫能力的时候，就会遭遇灾难。

朱小惠 在美国旧城改造的过程中，尤其是在城市中心的核心区、高密度的核心区，改造项目是用什么机制来保证政府、原有居民、开发商以及未来住户的共赢的？

黄铁屿 在 1974 年，美国通过新的法案之后，我们把自己的工作叫作社区重建，而不是城市更新。城市更新是一个负面的词，城市更新的时代已经过去了。

什么是社区重建？在社区里有一些小的地块使用率非常低，比如停车的地方，我们在这样的地方盖新楼，对其他地方都采取修修补补的方式，重新使用旧楼。

举个例子，有一座老楼，原来是工业使用的，我们要想办法保留它，而不是拆掉它。维护历史古迹的组织，现在已经跟做绿色建筑的组织结盟了，他们的力量都很单薄，现在我们要给他们一个机会让他们结合在一起。老建筑在建设的过程中要消耗很多的资源、能源，如果我们把这个老建筑拆了，这笔账要向谁算？如果我们重新盖一个建筑，又要消耗很多资源、能源，还要再来一次碳排放，这笔账也许可以从新的建筑物里面算，但是前面的账谁来承担？社会承担吗？所以最“绿”的建筑是把老建筑生命延长的建筑，让老建筑的生命从原来的 70 年变成 100 年，这才是真正的绿色建筑。

同时，我们也可以保护老建筑，它们有文化的价值。

举个例子，假使一个人在洛杉矶有一栋老楼，他愿意改造，我们提供 25%的容积加成给他，这 25%的容积加成可以加在屋顶上，增加房地产的价值，这就是双赢。如果没办法加在屋顶上，比如房间是在一楼，那么如果是层高比较高的房间，可以盖个夹层，建筑面积就多了。如果也没有夹层可以盖，屋顶上也是满的，这 25%的容积加成可以由我们来让户主移转，移转到其他的建筑上去，甚至可以卖掉，有经济效益，这样户主就愿意配合我们保护老建筑了。

福州大学的老师带我去看他那里的一条改造的街道，我感到很高兴，这一条街非常热闹，是一个非常成功的改造案例。但是另外一个老师跟我说：很可惜，他们只有这么一条街，其他的全拆了。如果有一个好的机制，整个历史老区通街保留下来，那效果就更好了。

在这个地方，当你把老楼拆了，把它改造成住宅的时候，你打造的是个 loft。假使你盖一栋新楼，你的产品跟别的产品也没有什么区别。但是当你改造一个旧的商业大楼或者工业大楼，让建筑师有空间去重新设计的时候，这个产品是市面上没有的，价值是非常高的。很多艺术家都愿意在这里买房子。这种市面上很少见的产品所产生的经济效益非常好。

我们这里有一个开发商，他买了 5 栋老楼，他是专门做老旧建筑改造的。在中国，没有这种开发商，中国人盖楼都是要盖新的，所以政府要有一个机制，把老旧建筑留下来再用。

美国还有其他的机制，比如一个人的房产被政府征收了，现在政府把这个房产拿到市场上卖。这个人原本是花 50 万美元买的，今年卖 100 万美元，可以赚 50 万美元，但是购买者要交房地产税，叫作所得税。但是在旧城改造的过程中，房产因为旧城改造被征收的时候，50 万美元的差价全部是原房主的，不用交所得税，这对于房主来说是有非常大的吸引力的。我做了 20 多年的旧城改造，没有碰到过一个钉子户。虽然我们拆的房子很少，但是这些被拆房子的人都很乐意跟我们合作，因为他算了账，他知道跟我们合作是有利可图的，他愿意跟我们合作，希望被征收。所以，如果有好的机制，很多事情都是可以做的。

嘉　宾　目前整个社会有两种趋势，一种是发展，一种是保护，保护是为了更可持续地发展，但保护往往会扼杀一部分人发展的权利，有哪些方式方法来平衡保护和发展的诉求、实现真正的共赢？

黄铁屿　我认为最重要的是借助社会组织的力量，社会组织会帮助人们发声。大家都很关心食品安全问题、关心雾霾问题，政府也非常关注这些问题。在城市发展的过程中，当大家对自己居住的环境、自己的健康产生了诉求，并发出了声音的时候，政府就会更注重这些事情。所以我们要靠非营利组织，比如环保组织，让市民有机会发声，这个是最重要的。

政府的力量很重要，但是政府的力量能更好地发挥，得益于民间的监督。美国的肺脏协会是一个很好的例子，每年他们会评选全美25个空气污染严重的城市和全美国25个空气质量最好的城市，污染严重的25个城市的管理者都会重视，协会的作为形成了一种鞭策的力量，使得这些城市的空气质量得以改善。

嘉　宾　如何发展社会组织？

黄铁屿　发展社会组织要靠在座的各位，包括我自己。为什么我会参加这么多社会组织？就是因为我知道我个人的力量非常薄弱，必须加入组织。美国很幸运的是，它已经有很多社会组织了。

但是中国的机会也来了，因为中国改革开放之后，大家富裕了，所谓的中等收入群体出现了。各位不仅是中等收入群体中的一分子，还是知识分子，有能力建立很多非营利组织。当有组织形成的时候，人们的呼声就会变大了。

嘉　宾　对于城市的开发速度，您觉得怎样才是合理的？我们是否需要建设特大城市？是否要限制特大城市的发展规模？从城市规划的角度，您是怎么看待这个问题的？

黄铁屿　一般的美国人，一生就买一套房子，他买房子是要住的，不是买房子投资的。当然不是说全部美国人都如此，但大部分美国人买房是用来住的。这一点值得我们借鉴。

日本城市化过程对中国的启示与借鉴

我们的世界

第61期银湖沙龙

主讲嘉宾：横松宗治　日本著名建筑师，日本“豪斯登堡”设计师

翻　　译：许　路　北京大学

主 持 人：李津逵　综合开发研究院（中国·深圳）理事、资深研究员，中国市长协会顾问

横松宗治　日本与中国的城市化问题未必相似，今天跟大家探讨，主要从下面三个部分着手：

第一，东京形成的过程；

第二，20世纪60年代至70年代中期，日本经济高速发展时期城市化过程中的问题和特点；

第三，社会平缓期的问题和特点。

我对日本不同时期的经济、社会等方面，做了历史阶段性的分析。

东京真正的历史是从江户开始的。从1722年开始，土地被大力开发，此后100年江户的人口增至100万。当时，世界上人口过百万的城市有法国巴黎、日本江户。

1854年，江户开港，对外国船只开放。1868年，日本迎接西方文化，实行明治维新。

1872年以后，东京人口减少到78万，在当时的世界上算是人口较少的城市，自此，日本的近代开始了。

在东京的形成过程中，有几次大的灾难。如1923年关东大地震，整个城市遭到全面破坏。此后城市逐步恢复，到1932年，人口快速增长至500万，人口的转移主要是农村人口向城市集中。东京的另一次大灾难是第二次世界大战，战后，东京成为一片废墟。1960年开始，政府开始在东京周围60平方公里内建集合住宅。当时正好进入日本高速发展时期，新干线开通，农村人口向城市集中，东京进入城市化加速时期。

日本的CBD可以分为两个区域：一个是以东京站为核心的区域；另一个是以新宿为中心的区域。

20世纪60年代，经济高速发展后，日本遇到了大问题，如环境污染，包括大气和水污染。随后，日本高速发展期到1980年结束了。

1980—1990年是日本经济泡沫期，1990年，日本经济泡沫期结束，经济陷入低迷。之后，日本城市发展集中在东京圈，名古屋市和大阪市是次要的经济发展区。

1947—1965年，东京作为城市，向周围放射性扩展。1965年，东京中部出现人口减少现象，空心化现象出现。

20世纪60到70年代，是日本高速发展时期，日本城市化出现以下特点：

（1）GDP增长的同时，城市化高速发展，GDP增长与城市化并行。

（2）没有限制地向周边扩张与土地价格上涨。日本的城市没有边界。中国城市有明显的边界，伦敦也有明显的城区划分，以周围的绿地为边界。但日本城市没有明显的边界，在高速成长期，其土地价格不断提高。

（3）高速城市化时期，土地价格不断提高，住宅用地分隔细化。1960年之前，真正拥有土地的人口只占总人口的10%，90%的人口以租房解决住房问题。随着经济的发展，以前的住宅分区地块加大，土地被卖给个人建设住宅。

（4）自然地和农地转为住宅用地。城市化造成用地不足，以前的山地、水地被改为住宅用地，农地因生产收入低，也被征用作为住宅用地。

（5）负面影响出现。日本重化工业的发展举世瞩目，但重化工业的扩张、轿车交通的普及导致大气污染、水质恶化。

下面我就这些特点进行分析。

1960 年之前，被公认为日本的战后恢复期；1960—1980 年是日本的高速发展期，关于其何时开始、何时结束，不同的人有不同的看法。1980—1990 年，是日本经济泡沫期，对于经济泡沫期的界定，不同的研究者有不同的看法。

比较当时世界的大城市人口密度，日本为 13500 人/平方公里，纽约是 26000 人/平方公里，巴黎是 20000 人/平方公里，相比而言，日本的人口密度低一些。尽管东京有很多超高层建筑，但总体来看，建筑层数平均不到 3 层。伴随东京郊外住宅区建设，多摩新城成为住宅开发区，当时规划了 35 万人居住，新城的开发是当时社会的需求，但也出现了问题：

（1）从规划到建设只有十几年时间，十几年时间进行大规模开发，造成了入住人口同质化，其年龄、工作性质等都相近，多是东京的一些白领，没有多样性。三四十年后，这些居民的子女长大成人离开该区域，这些长大的子女在其他城市工作生活，他们的后代也不再回老家，导致老家就剩下老人，老龄化造成区域人口下降，形成区域空洞化的现象。

（2）尽管高速发展期土地价格在不断升高，但与 GDP 发展趋势不一致。1980—1990 年，城市 GDP 与地价的增速，在前期还保持一致，但后期 GDP 下降，地价依然快速增长，出现脱离现象。1990 年之后，GDP 没有明显下降，但经济发展缓慢，平均价格指数没有大起大落。东京大城市的土地价格升高明显，出现大起大落，但地价在一些小城市没有出现大起大落。

我们目前认为日本地价最高的区域是银座，但实际上，1990 年银座地区地价变化与其他地方相比差异不大。住宅用地的地价飞涨，造成土地整体价格大幅上涨，出现这种情况的原因是投机而不是投资。

我们将地价与股票价格做对比分析，股票市场出现巨幅拉升，大城市的土地价格大幅上升，但平均地价涨幅没有股票大。1990 年后，日本全国的平均地价回落。

日本的土地制度与中国不同，日本的土地是私有的，日本人对拥有土地的欲望很强，对土地有投机行为。日本土地的流动性很强，被不断转手，在快速流动，被投机行为介入。土地实际价值并不是很高，但投机价值被炒得很高。

日本农地在不断减少，1980 年比 1960 年减少了 30%，农地中很多没有被利用，其中有一些贫瘠的土地。日本目前粮食自给率只有 40%，粮食安全风险较大，日本的大豆 100% 从美国进口，一旦有风险发生，有致命的危险。同时，日本农地在保护环境上的贡献也在减少。

总结而言，日本在高速发展中，城市扩张出现了一些问题：

第一，周边环境被破坏，粮食自给率降低；第二，中小城市商业区衰退；第三，城市在向周边扩张的同时，出现市政供给效率低的现象，人口很少，城市供应减少；第四，大规模住宅区的居民不具有多样性，老龄化问题突出，造成区域衰落现象；第五，家用轿车普及，公共交通维持出现问题，造成公共交通衰退，铁路废弃，重修变得很困难；第六，郊外有大型卖场，导致交通方式变更，周边小店难以生存；第七，家用车的出现、点对点的交通方式，造成邻里之间的隔断，社区的概念变得很淡薄。

李津逵 下面进入自由发言环节。

嘉　宾 日本如何解决外来人口权利平等问题？

横松宗治 日本都市与农村没有明显差别。外来人口成为本地人，非常简单，只需办一个迁移手续，就是城市人了，在教育、待遇、福利方面和本地人没有差别。

从中国的历史来看，中国人口的流动性比较强，流动性强导致户籍制度出现。但日本人口流动性不强，没有户籍制度。

嘉　宾 城市缩小，是否会对经济产生影响？是否会导致周边城市衰退？

横松宗治 实际上，城市缩小是最近才成为被学界研究的问题的。以前，城市缩小是由于战争、疾病的原因，现在则是由老龄化造成的。中国的大城市还处于高速发展时期，还不会出现城市缩小现象。但人口红利期肯定会结束，到时就一定有经济衰退现象，中国城市今后也会面临这个问题。

中国的城市是多样化的，各城市有独特的经济优势，大城市缩小不会必然导致周边城市的衰退。

嘉 宾 在20世纪60—70年代，日本如何解决粮食问题？

横松宗治 在20世纪60年代，日本意识到粮食不足的问题，日本一直存在粮食的依存问题。

日本的土地分为两种，一种是被严格限制开发的，另一种是可以开发的。日本农村有一些耕地是不允许转为他用的。而对于没有严格限制的土地，人们是可以开发的。

在20世纪60年代，粮食生产和消费有国际分工，根据分工，有的国家进行粮食输出，有的国家进行粮食进口。日本的粮食种植条件不好，造成了日本的粮食自给率比较低。

嘉　宾　日本在城市推广过程中，如何解决钉子户问题？如何界定公共利益问题？

横松宗治　我不是一个再开发方面的专家。再开发在日本有两种类型，一种是政府主导的再开发，另一种是以土地所有者为主体的再开发。

对于钉子户，政府主导的开发，要按照一定的条件保障他们的权利，有一定的标准。如果有人不同意开发，政府唯一的办法，就是保留这个地方，不进行开发。政府只能调整计划，在其他地方进行开发。

还有一种方式，以土地所有者为开发主体，不需要经过所有人同意，只要同意开发的人数超过一定比例就能开发。在经济发展时期，地价增长，开发有利益，这个阶段土地所有者的再开发意愿比较强。在升值空间不大的区域，土地所有者的再开发意愿就比较弱，有的项目因此拖了很长时间也没能开始。

嘉　宾　中国进入全面转型期，日本是否也经历过转型期？转型主要包括城市规划、社会公共服务、社会和谐等方面的转型。深圳从2002年开始提出转型，日本在转型方面是否有值得我们借鉴的经验？

横松宗治 深圳实际上是劳动力密集型城市，正在逐渐向高科技和商业方向发展，其第一产业向第二、第三产业转移，但大规模的转移并没有出现。另外，在产业转型中，产业要保持多样性，如果一个城市只有一个产业，就会出现问题，因此城市要实现产业多样化。

李津逵 中国目前也是在摸着石头过河，有初期城市化的经验教训。要实现更理性、合理的发展，我们应该多多学习国际上的经验，横松先生的讲座给了我们很多启发。

全球气候治理
与增长方式和发展路径创新
——中国气候变化国家学说的自信

我们的世界

第139期银湖沙龙

主讲嘉宾： 邹　骥　哈尔滨工业大学特聘教授、中国人民大学环境学院兼职教授

主 持 人： 李津逵　综合开发研究院（中国·深圳）理事、资深研究员，中国市长协会顾问

李津逵　几年前，我听说邹教授参加了气候谈判。

在这样一个人类命运共同体的时代，站在全世界的角度来看中国的发展，应该怎么看？站在碳排放的角度来看，中国在世界上扮演的角色是什么样的？在这个谈判中，发展中国家和发达国家有哪些博弈和互动？这些都是大家非常关心的问题。

深圳能不能抓住机遇，成为一个富有创新精神的城市？今天，邹教授来到了我们这里，跟我们探讨这些问题。

邹　骥　工业革命时代，人们发明了蒸汽机，所以大量利用能源。能源是一个脉络，也是一个标志。那时人们主要用的是煤炭，属于化石能源，人们对它的消费量急剧增长。马克思说“人类的生产力呈指数级增长”，生产力增长的背后是能源指数级的增长。农耕时代人们只会烧点柴火、木炭，现在有煤炭了，人们才能用蒸汽机，才能让纺织品的生产和消费量急剧上升，以至于英国本岛都容纳不下这些产品。

人们大量使用化石燃料，先是煤炭，后来是石油、天然气，再后来有了核能，核能又转化成电能。它们带来的一个结果，就是让大气生态系统的平衡被打破了，温室气体的平衡被打破了。1750 年前后，温室气体在大气中的浓度大约是 227PPM。如今，温室气体在大气中的浓度超过了 400PPM，浓度急剧上升产生了温室效应，也就是宇宙的辐射进来了，出不去，达不到平衡。由于辐射出不去，地球表面温度上升，100 年间，地球表面平均温度上升了 0. 7 摄氏度，当然对这个结论科学界有很多争论，有的人说温度上升是有循环周期的，现在就到了上升期了。古气象学家拿出几万年、十几万年，甚至上亿年的气候变化的证据，表明温度变化是有周期的。

单看这个，如今全球温度上升一点，不足为奇。但是温室气体的浓度可没有这么上升过。有怀疑论者不相信有气候变化这回事儿。但是有一个基本的事实，是这一次的温度上升，是伴随着温室气体浓度而上升的，所以很可能，这次温度上升不是地球自身的温度周期变化，而是伴随着温室气体浓度上升，由温室效应造成的。

实际上，二氧化碳在大气中的留存期能够长达两三百年，甚至更久。也就是说，人们在乾隆皇帝时期排放的二氧化碳，今天还存在，它也贡献了温室气体。这会产生一系列的负面影响，带来一些显著的变化，比如北极现在能走船了，还有很多著名的雪山的雪线都看不到了。中国好几座海拔 5000 米以上的冰川，正在缩小、融化。如果是在地球的某一个点上出现这个问题，也不足为奇，但是在全球普遍出现了这种情况，这就是值得大家关注的问题了。

气温上升带来了很多负面影响。观测案例表明，地球水资源的分布开始紊乱，通俗来说就是该下雨的时候不下雨，该下雪的地方也不下雪。黄河的流量发生变化了，沿途的灌溉、工业用水、生活用水，出现了紊乱。很多地方出现了极端天气。有统计表明，极端天气出现的频率在明显提高。

水资源分布紊乱之后，开始对农业生产产生直接影响。现在有很多科学家预测全球范围内未来的农业生产率，气候变化造成的极端气候事件和气候紊乱导致预期生产率下降。

过去，我们靠化肥、农药、农业技术，甚至靠基因技术来提高作物产量。但这是有极限的，比如化肥已经不能再施了，施到这份上已经造成了水污染，挥发了也会污染大气。对农产品的影响、对生物多样性的影响都是水资源紊乱带来的。

我们国家有关海洋研究的报告显示，环渤海地区、长三角地区、珠三角地区的海平面上升了。欧洲的很多岛国也出现了这种现象。海平面在过去的100年里，上升了几厘米。科学家断言，如果任凭这种气候变化的趋势继续下去，可能在今后1个世纪的时间里，海平面能上升几十厘米，那很多国家的海岸会被涨潮所淹没。

此外，全球温度上升还会产生大量的盐碱地。有一次我去南通考察，发现那里的地下水水质开始发生变化。沿海农田的质量大幅度下降。宋代的范仲淹，就修过威海大堤，延绵上百里的地，现在已经变成了一条公路的路基。如果所有的沿海城市，为了防海水的涨潮，都需要修这样的大堤，这将是多么大的工程？这可比修长城的工程还要大得多啊。

另外，温度变化对公路、电网等基础设施也有影响。

目前，有关温度变化对公共健康的影响的研究刚起步。但是，流行病学的研究表明，如果温度上升0.5摄氏度，青年人可能就是觉得热，多吃个冰棍儿、多喝点儿可乐就过去了。但脆弱人群，比如75~80岁的老人，以及婴儿，可能就会遇到很多问题。有一年法国夏天温度才30多摄氏度，对中国来说简直就是凉快天，但那一年法国居民因并发症比常年多死亡了4000多人。欧洲的夏天没有那么热过，大家在西欧生活旅行就知道，他们平时很少开空调。哪怕温度只提高了0.5摄氏度，也会暴发很多疾病，所以气候变化的影响是非常广泛的。

对这种影响，我们怎么评估？学术界的争议很大。有一位知名的经济学家——米卡斯顿尔爵士，发表了一个“斯特恩报告”，他的报告得出结论：这个世纪气候变化所造成的损失，要高于两次世界大战给人类造成的损失。

中国气象局做的评估表明，气候变化带来的风险是巨大的。毫无疑问，中国是生态比较脆弱的国家之一，我们的国土面积大，人口多，西北更是一个非常脆弱的生态区。那个地方水资源和气温有一点变化，哪怕是在很短的时间内，就可以让生态系统迅速退化。我们已经承受了这种不可承受之重，这就是我们国家的现状。这样的脆弱性还体现在非洲国家和一些小岛国中，这些基础设施不健全的国家，防御能力更低。

这个时候，我们就提出要应对气候变化。它是一个全球性问题，这跟你的信仰、国别没有关系，不管你信仰什么，你是哪个国家的人，大家都在这条船上。而且在全球范围内，科学界评估重大的风险问题时，气候变化问题连续多年居于首位。

我们要怎么应对这个问题？有两个基本的途径，一个是减缓，另一个是适应。适应是什么意思？我们今天采取的行动不是立竿见影的，今天真金白银投下去了，见效可能是在100年以后。《巴黎协定》的目标是到21世纪末，全球平均气温不能比前工业化时期高出2摄氏度。气候变化的影响已经显现出来了，现在马上叫停也停不住，地球系统太大、太复杂。我们就只能适应。

还有减缓，就是真的要减。提高经济效率、转变能源结构，这些事情都是现在必须要做到的，晚做不如早做，早做就和当前的发展战略、工业化、城市化等都有关系。小则改变产业体系，大则改变文明。这就是我们考虑气候变化问题的一个基本框架。

说到全球治理，现在主流政策谈得最多的是全球经济治理和安全治理，安全治理有联合国安理会的那套体制，我就不展开讲了。经济治理，有世界贸易组织，有双边的自由贸易谈判。现在怎么多出了一个气候治理呢？因为气候变化的负面影响造成的破坏不亚于战争，必须引起全人类的重视。

全球都有发展问题，所以有了 2015 年联合国的可持续发展目标，就是 SDG，还有之前的千年目标。全球的环境问题，除气候变化之外，还有生物多样性、臭氧层保护、国际水域、污染物等问题，这些都是全球范围内的问题。

这几大全球治理问题有一个交集，就是综合的战略和治理。

我试图用最精练的语言来概括全球治理包括哪些要素，即有责任的问题，有权利的问题。权利指两个权利，一个是话语权，一个是影响力。现在我们也开始重视所谓的软实力了。

全球治理一定是充满博弈的，但是我们认定这个博弈一定是非零和博弈，不应该是有你没我、非黑即白的，应该有新型的博弈关系。这里应有同盟、有竞争，也有合作。

全球治理离不开一个进程，就是从不发达到发达的进程。世界上不同的利益相关者，被初步分成发达国家、发展中国家，但这是政治上的概念，特别是在联合国的政治场合下的概念。大部分发展中国家人均GDP比较低，但也有高的，比如卡塔尔的人均GDP都到10万美元了，沙特也到了三四万美元，比一些欧盟国家还要高。它们是发达国家吗？不是，它们还是发展中国家。发展中国家最重要的一个标志是经济结构单一，比如油价一落，某个国家的财政收入就没了，它的经济体就要出问题。俄罗斯在很大程度上也是这样的经济结构，还有委内瑞拉，它们依然是发展中国家。

但是还有相似的概念，叫作中等收入、高收入国家。这两个概念有关系，但是性质不一样。一般我们说中国现在是中上等收入国家，这是根据世行的标准定的。世行为什么要定这个标准？因为要确定一个国家有没有资格获得贷款。按照世行贷款的标准，1.2万美元以上是高收入国家，这个和发达不发达有关系。发达国家一般是高收入国家。

另外，更重要的一个标准是发展的形式，经济结构在这里是发达与否的重要判定标准，基本的思路是沿着发展的进程看。所以现在基本的格局是分为发达国家和发展中国家，在发达国家内部和发展中国家内部又有差异，这是我们认识利益相关者格局的一个基本理论。

无论是个人、企业还是国家，过去是真的不知道气候变化，排放就排放了。但是作为国家不应该有这种态度，当年确实不知道，但是要承担责任。因为今天国家的基础设施是跟过去有关系的，那么对于气候变化，我们国家没责任吗？肯定是有的。

因此，我们经历了思想的变化。我们对于气候变化的认识和态度，肯定跟当年不一样了。

中国在国际上要赢得尊重，就要关心全球的问题，不能认为事不关己。中国还是个发展中国家，一个新兴的发展中国家，有自己特殊的能力、地位、责任。而且，中国是有条件走出一条新的发展之路的。

人类历史中有三次发展浪潮对环境产生了重大影响，我们现在正在经历第三次发展浪潮。第一次发生在工业革命后，主要是在欧洲、北美，加上日本、澳大利亚、加拿大，是一次涉及10亿人的现代化运动。这次发展浪潮对地球的生态系统造成了很大的冲击。幸运的是，那个时候地球的生态系统承受力很大，所以承受住了这次冲击。但是生态还是出了问题，因此20世纪60年代环保主义的思潮出现了，之后还出现了人类环境会议，人类开始对工业革命有了反思。

第二次发展浪潮发生在中国，中国搞了一次现代化运动，或者称工业化、城市化运动，成果显著。在这次浪潮中中国采取了一些措施，比发达国家的那次浪潮对环境的冲击小。但是生态系统的承受力变弱了，因为以前已经有污染积累，很多的温室气体是累积的。

现在，第三次浪潮来了，非洲、东南亚、印度要搞工业化，涉及几十亿人，他们有很多路可以走，包括技术、体制、观念的路径。所以为什么中国现在要提生态文明、提绿色低碳发展？这不仅涉及中国自己的发展，也是给其他国家的发展提供路径参考。

所以，我们要意识到，中国的发展和行动对全球的影响是确实存在的。

气候变化治理问题的核心是责任、承诺以及相关的机制。问题的实质与出路是什么？气候变化问题源于发展，也要通过发展来解决。它实质上是一个关于发展的问题。

现在大气中的污染物，首先来源于发达国家多年的排放，发达国家排放的污染物占比能够达到70%左右，但是这个比例确实在下降。发展中国家的占比在上升。

我们应该用累积排放量来作为责任的基础，中国应该减少碳排放量，但发达国家也不能逃避责任，因为污染物是经年累月积累在生态系统中的。

是什么决定了碳排放水平？这和发展路径是有关的。一个国家在不同的发展阶段，碳排放的强度是不一样的。在农耕时代人类没什么碳排放，今天，在一些发展较慢的非洲国家，依然可以每天看到蓝天白云，但是我们能说这是我们的理想状态吗？我们在欧洲或北美看到的蓝天白云，是这些国家发展后重现的蓝天白云。而中国，尚未发展到那样的阶段。

我们要明白国家在不同的发展阶段，碳排放的要求、强度是不一样的。

另外，全球治理要解决的问题是什么？不是为了治理而治理，我们的治理是要解决人类发展路径问题的。在新的时代，只有找到新的路径，治理才是成功的治理、是有的放矢的治理。这需要关于增长方式和发展路径的创新。

我认为，中国关于气候变化的一切都要归结到发展路径创新上，归结到增长方式创新上。什么是发展路径创新？就是以少的碳排放量达到同样的发展水平。我们要争取发展权，让我们的人民能过上和发达国家的人民一样的好日子，享受一样的社会保障和一样的生活质量。但是我们现在要比发达国家当年的碳排放量更少，这就是发展路径创新的含义。

在责任方面，发展路径也需要责任创新，全球一起努力，技术共享，在贸易上一起想办法。这种观点逐渐得到了国际社会的支持。

不同国家创新的路径可能不一样，说法也不一样，效果可能也是不同的，但是我们的目标是一样的。

现在的目标是实现更可持续的、更科学的增长，这要求我们做改革，实现经济增长方式的创新，调整经济结构。所以，发展路径的创新，核心在增长。

如今，靠侵蚀自然资本实现原始资本积累的时代已经过去了，我们要找到新的生产要素，就是知识、技术，就是治理和发展的理念，我们要调整能源结构和产业结构，要更好地利用人力资源、知识资源，而更少地用自然资本。

范志明 我有两个问题。第一个问题，在这样的国际气候大会上，中国除了政府人员，其他的人或组织，包括企业家和公益组织扮演了怎样的角色？

第二个问题，公益组织在这里发挥了怎样的作用？

邹 骥 中国企业虽然在决策过程中几乎没有起作用，但是在舆论上是有作用的。联合国气候大会有一个中国角，王石就亲自资助过这个中国角，很多知名企业家都去过，在那里呼吁人们保护环境等。

外国的跨国企业，比如世界500强企业所处的社会结构，与我们的社会结构是不一样的。他们的工会力量太强大了，甚至对选举有影响，他们的相关产业对所在的州也能产生影响。

联合国有两个办公室是非政府组织（NGO），一个叫Bingo，另一个叫Yingo，还有一个著名的组织叫世界可持续发展工商理事会。他们发表演讲，发行自己的小报和宣传品利用各种各样的方式表达自己的观点，这也是听取外界声音的一个机会。

在西方社会，NGO是非常强大的，他们从制度上保证了有一大笔钱必须捐给NGO、大学和各种基金会，包括能源基金会等。我们对西方社会NGO的理解是，他们的NGO对他们的选举、对他们思想的产生、对他们的政治运作，都有重大的影响。NGO在整个主流社会的舆论里占有重要地位。

实际上美国的原创来源于大学，一些大学的思想家创造了一些原创的观点。但直接消费者是谁？是那些智库或者基金会的人，他们都是精英，他们消化了这些原创的观点，产生了很多新的观点。这些内容去了哪儿？没有直接去白宫，而是去了各种各样的媒体。媒体又把它们加工成情绪化的、大众化的内容传播出去。一些进入白宫的人，当年是在智库工作的，他们在这个环境里就跳不出这样的氛围。他们的智库背后是所谓的NGO，这就是NGO的作用。

这是他们的结构，跟我们中国的传统政治文化根本不是一回事儿，但是我们现在要跟他们互动，是不是要有效解决利益共同体的问题？我们要融合，要共筑新的世界秩序。这个时候我们怎么去跟他们对接？这是我们要更深入思考的问题。

嘉　宾　从人均GDP的变化规律来看，深圳现在应该碳达峰了，但实际上目前没有达峰，问题出在哪里？

邹　骥　统计口径让结果有很大的变化。不同口径的统计结果一直是有差别的。但作为一个大的经济体，这种误差又缩小了一点。用大规模的经济体数据来做统计，可能会稍微好一些。

一般经济发展到成熟阶段，特别是后工业阶段，交通和建筑是主要的碳排放源。中国未来的后峰值的研究重点在交通、建筑，以及基于消费的经济活动。

现在国际上对中国的要求是必须迅速降低碳排放量，但这是很难的。我们也看到了一些机会，比如交通，我们真的初步实现了电动汽车的迅速普及，大型的柴油车也用电动的替代，这是一个新的路径。

此外，还要改变发电结构，如果还用煤发电，碳排放量还是很大的。如果非化石能源在发电中的占比高一些，碳排放量就会大大降低。

还有建筑，现在新建的小区节能标准比以前提高了不少，中国的建筑每平方米消耗的能源量，要远远低于欧美国家。

除了技术的标准，居民的生活习惯也对碳排放有影响，比如在北京，南北通透的房子里，很多居民夏天是愿意开窗户降温的。当然，特别热的时候居民就只能开空调了。但西方国家的房屋窗户大多是密封的，居民没有开窗户通风的习惯，而是从早到晚开着空调，就造成了大量的能耗。

总之，如果我们在交通、建筑和基于消费的经济活动上把能耗降下来的话，是有可能实现创新的，我们看到了技术的前景。

刘　宇　现在的电力体制和能源体制是以传统的化石能源来设置的。您有什么解决这些问题的建议，让新能源或者可再生能源在能源结构中占比比现在更高？

邹　骥　无论是世界、国家还是人民的利益，都要求我们做出变革。

在技术上，有一些措施要不断推进、落实。

第一是风电、太阳能系统建设，中国的风电、太阳能分布不均匀，大部分都在西北地区、东北林区，电网是有缺陷的，这就需要我们补短板。

第二是抽水蓄能设施建设，在有条件的地方就可以做，比如在水库就可以做，这也是一种补救的措施和提高电力的稳定措施。

第三是电动车系统建设，如果电动车迅速发展，会变成一个集体的存储设备，千家万户的电动车的电池，可以在晚上把电存起来，白天的时候再用出去，这种技术是可以往深处做的，可以加大投资。

李津逵 今天我们用 3 个半小时，重新思考了国家的定位，中国已经发展为一个新兴的经济体，而且在其他发展中国家和发达国家之间可以发挥巨大的桥梁作用。我们的路径不再是原来的那个路径，要有增长方式的创新和发展路径的创新，而且在碳达峰的问题上，我们要明确提出方向，有了方向才能长远地走下去。

物联网时代的未来城市

——东京2020年奥运会的城市远见

我们的世界

第153期银湖沙龙

主讲嘉宾：山形与志树　日本国立环境研究院首席研究员，全球碳评估计划负责人，2007年诺贝尔和平奖共同获奖者、东京大学系统科学博士

杨沛儒　美国佐治亚理工学院教授，生态城市设计实验室主任，ESD事务所负责人

主 持 人：李津逵　综合开发研究院（中国·深圳）理事、资深研究员，中国市长协会顾问

李津逵　今天我们请到了2007年诺贝尔和平奖共同获奖者之一——日本国立环境研究院的首席研究员山形与志树先生，还有老朋友——从美国佐治亚理工学院来到深圳合作办学的杨沛儒教授，以及山形先生的助理来参加此次沙龙。

杨教授和山形与志树先生研究的是互联网时代的未来城市。大家都知道，人类的聚集点往往有人口规模大、密度高的特点，和当时人类的技术水平是密切相关的，这种技术在蒸汽机时代造成了更大规模的人口聚集。但是到了互联网时代，我们忽然发现，在一个离散化的地带也可以出现硅谷这样的创新中心，以互联网、大数据、人工智能、区块链为代表的工业 4.0 时代来临了。未来，城市会是什么样的？人类该怎样打造自己的命运共同体？

今天，我们请两位主讲嘉宾贡献自己的才智，为我们呈现一场思想的盛筵。

山形与志树　我很愿意和大家分享一下未来的绿色城市和物联网给我们的生活带来的变化。

首先我要介绍一下日本的情况，特别是我在东京所做的研究和合作。我们要通过几家机构的合作，来打造未来的智慧城市。我们和东京大学以及美国的机构也开展了合作。

我是日本全球碳评估中心主任、日本国立环境研究院首席研究员。我是 2007 年诺贝尔和平奖（气候变迁）的共同获奖者之一。我在 10 年前做了一个 RTC 的报告，今天我和大家一起来讨论这个报告未来的发展动向。

杨沛儒 我是美国佐治亚理工学院生态城市设计实验室的主任、美国ESD事务所负责人，同时也准备在深圳建设一个校区，现在正在筹备。我个人是代表学校来协调校区的建设工作的。

山形与志树 日本东京市中心是60年前建立的，现在这个市中心已经发生了迁移，所以我会和大家分享一下东京市的发展近况。

我想介绍一下我们的计划，叫全球碳评估计划。它是一个着眼于地球未来的核心计划。如何实现这个计划？首先，要把不同的群体集合在一起，比如政策制定者、科学资助方，以及像我这样的研究者、企业家，甚至让更广泛的公民群体参与进来。我们会形成一个共同的发展愿景。此后，我们会综合运用各自不同的知识，来形成一个共同的行动计划。在这个行动计划实施过程中，我们会取得一定的经验，我们利用这些经验又产生了新的知识。如此实现良性循环，各群体参与，共同致力于实现未来的全球绿色可持续发展。

我们所做的研究是跨学科的，涉及城市发展以及低碳，同时涉及金融学、经济学的知识，我们将知识与行动联合起来，打造了一个网络体系。在这个体系中，我们会综合应用各个学科的知识，不仅涉及社会科学，也涉及历史学、自然科学等。这就是我们的基本理念。

接下来我给大家展示一些数据。韩国的城市化率是非常高的，达到了90%。中国呢？中国的城市化率达到了40%，当然这个数据是10年前的，现在这个数据应该更高了。一般来说，碳排放和城市化率应该成正比例关系，但是也有特殊的情况，比如巴西虽然城市化率高，但是它的碳排放量并不是很高，这和国家的一些产业以及自然环境的状况都是有关的。

中国、美国都是碳排放大国，但是中国的情况和美国不同，中国人均碳排放量是相对比较低的，原因就在于中国的大城市碳排放量很高，但是小城市的碳排放量低，所以人均碳排放量不是很高。但这并不意味着中国就不应该致力于减少碳排放量。在中国的一些人口密集的城市，特别是像深圳、上海这样的大城市，碳排放量和美国的城市差不多。所以对中国而言，减少一些人口密集城市的碳排放量，依然任重而道远。

日本的碳排放量虽然不是世界上最大的，但是也不小。东京这个城市的人口就占了日本总人口的1/4，碳排放量是日本总碳排放量的1/3，所以东京这个城市也需要降低碳排放量。东京家庭的碳排放，多是做饭、取暖过程中的碳排放。在东京，大学的碳排放量是很大的，是超过企业的。

东京交通所产生的碳排放，主要来自私家车、公交车。对比之前的家庭碳排放量，我们发现两者是差不多的。所以，我们应该致力于减少交通以及家庭所产生的碳排放。

接下来我来讲讲东京的新城区如何使用大数据来测碳排放量。我们把碳排放量的监测机，放到了东京一个新的晴空塔上，同时也利用晴空塔周边的自行车来监控碳排放量。为了评估东京碳排放量，我们需要搞清楚碳的能源用在了哪些地方，以及建筑的用途、建筑的高度、一个建筑有多少层等。

建筑的用途也非常重要，季节、时间、建筑用途都会对碳排放产生不同的影响。我们有不同的测算方式来评估建筑用途以及季节变化对碳排放的影响。

要测算一个地区的碳排放量，可用以下三个方面的数据：第一个是建筑的结构、建筑的用途。比如建筑的高度、所在的区域、楼龄、层数等数据。第二个是这个地方的人口密集度。第三个是检测器的数据。把这三个方面的数据综合起来，我们就能计算出一个城市的碳排放量。

我们也会监测、监督一个地区的实时能源使用量。比如监测一个地区全天 24 小时以及一年 365 天的能源使用量。

接下来我给大家介绍一个具体的应用，就是用手机 GPS 定位来搜集碳排放的数据。有些人同意使用这个应用，会把数据上传企业，企业会做数据图来显示不同地方的人的定位、碳排放量。这样就可以全天 24 小时、一年 365 天监测这些地方的数据变化。

我们会用机器习得的技术来评估交通模式，会把收集到的 GPS 定位数据进行分类，分成步行、火车以及私家车三大类。这种数据分类是非常不容易实现的，我们用了一些基础设施或者其他的辅助工具，就能够准确地把数据分成三类。

我们做的交通模拟图，展示的是车流量的变化，反映的是 5 年中的 1 天的车流量变化。如果用 GPS 数据定位，就可以了解、掌握全年、全天的车流量变化情况。

在深圳可能有很多混合动力车，在东京目前这种车还不是很多。我们未来就要把数据做出分类，区分哪些是电动车的数据，哪些是石油动力车的数据，模拟它们在路上不同的状态时的碳排放量变化趋势。

在一天不同的时刻，在不同的区域，城市的碳排放量是不同的。在城市中心区域，人们工作时间的碳排放量就很高。还有非常集中的商业区，碳排放量也很高。东京有一条高速路和一个跨河大桥，这些交通繁忙的区域，在上下班的高峰时间，碳排放量会比较高。

通过把建筑等设施的碳排放量视觉化，我们可以告诉政策制定者以及关心环保的人士，哪些重点区域要减少碳排放量。我们的目标是实现碳的零排放，这是非常难以实现的目标。如果我们让各种政策都成功实施，可能在 50 年后，这个目标会实现。我们现在所做的工作是让碳排放量视觉化，未来，这项工作还要做很多年。

城市的规模是在不断扩大的。我们不能逐一城市地搜集它的碳排放量数据，所以我们就用分类的方式来看不同城市的情况。

中国香港大学有一位教授尝试把城市人口密度和碳排放量两个数据结合起来，来分析中国各城市的碳排放量和城市人口密度的关系。他尝试在全国都做这样的数据记录和分析，我们很希望深圳将来也能做类似的事情。

这个全球城市碳排放量数据的制作计划是逐级推进的，从城市到国家，再到全球。现在我们在东京、纽约、伦敦、巴黎，都在做类似的事情，我们很希望在中国的某个城市也能开展类似的实验。这个项目是通过卫星来收集数据的，这项工作需要持续 10 年的时间。

视觉化不同城市以及全球的碳排放量的工作是非常重要的。通过呈现视觉化的东西，我们可以说服全球的政策制定者减少碳排放量，因为碳排放是引起气候变化的非常重要的因素之一，只有降低全球的碳排放量，才能阻止全球气候继续恶化，所以我们的目标是使一些城市乃至全球的碳排放量达到可视化的程度，从而影响政策制定者。

接下来，我来讲一下用大数据分析城市人流的变化。如果你们之前去过东京，可能会遇到类似这样的场景：在一个十字路口，人们从不同的方向来，去往不同的方向。用 GPS 的数据，可以把握人的流向。

人流的密集度，通过 GPS 数据可以检测。我们把通过手机 GPS 收集到的数据分成三类，步行的、坐火车的和乘车的人的数据。步行的人的数据反映了人流的密集度，还有一天之中人流量的变化。不同的时间，比如工作日和假期，人流量在不同区域情况不同。工作日的时候，人流会集中在商业区。到了节假日，人流就集中到了郊游的地方。

如果行人采用行走的方式，就是不开车的。如果不开车，就会减少碳排放量，同时对人的健康也是有益的，所以我们就记录了人的行走力的数据。

行走力对城市规划的设计者也是非常重要的。我们会用到可变量，比如行走力的变化、车站的承载力、100平方米之内的办公室和公共设施分布的数量等数据，我们把这些数据收集起来，运用这些数据为城市规划设计做应用。

我们做的另外一个应用是用来记录不同地区热量变化的。可能在天气非常热的时候，人们是不愿意出门的。所以我们就用卫星、视频或者手机应用记录不同地区热量的变化。通过这样的方式，我们就可以指导人们规避温度带来的风险。

我们在社交网站上搜集一些表示不同温度的关键词，数据来源是人们在社交网站上对气温的表述。

可持续城市体系的设计，需要考虑以下四种能力：适应气候变化的能力；高效利用能源的能力；绿色可持续发展的能力；让城市公众广泛参与的能力。这四种能力要纳入城市可持续体系的设计中。

获得这四种能力是我们的目标，但是我们对这些目标可能有一些取舍，有些可以实现融合对接。实现这些目标依赖不同参与方的参与，以及好的城市设计。

杨沛儒 我们准备了三个部分的内容。第一部分是介绍城市复杂系统，如物联网技术、大数据和演算法，以便让大家理解这个复杂的计划。这一部分是山形先生讲的。第二部分讲怎么将城市规划专业知识运用在具体的城市规划设计中，以及智慧城市在根本上跟传统的现代城市有什么区别。第三部分讲三个东京的项目，在东京和奥运相关的案例中去体现我们的想法。

传统的设计师会画图、做方案、从事建筑景观或者新区的开发工作。但是物联网带来了一个新的机会。我在二十几年前在麻省理工学院念书的时候，经常听到很多课讲到互联网。而物联网与互联网是不同的，只有计算机是搞不定的，还要和建筑、空间紧密结合在一起，是塑造一个新的空间、新的场所、新的环境，以人为本。它会从根本上改变我们这个行业。城市空间已经随着情景而变化了，每 10 秒钟或者 1 分钟就会产生新的数据。比如我做了一个厨房的信息收集系统，它其实是在一直跟人互动的，空间中采集到的数据也会不断更新。当灾害来了，城市的系统可以应变不可预期的灾害，如水灾、热浪、地震等，我们要调整城市的功能，去适应变化，重新组织空间和环境、设备。

刚才山形教授解读了城市里面的 1 秒钟、几分钟的人流量的模拟运算。每个人在空间中的知觉和经验也是有变化的，是可以比较的。

所以他们在麻省理工学院建立了模拟城市模型，把很小的摄像头放进去，模拟在里面可以看到的景象，这是40年前的技术。现在我们已经可以建3D的GF模型，算能耗，演算人在城市空间里可以看多远、看多少，做量化分析。

19世纪，人们开始大量利用玻璃和钢，这些是重要的发明，玻璃用在建筑物上，使自然光可以进入室内空间，给人们带来了全新的体验。在中世纪，建筑材料是石头，街景是很窄的。但是一旦用玻璃做窗户，光就可以穿透玻璃，光线就可以透进室内，所以这是一种革命性的发明。在19世纪的时候，街景突然就因为这个新的发明而延伸了。

我们要探讨的是人的感知，就是人在城市里面的知觉。在东京，人的知觉很复杂，人是在一个复杂的三度空间里面流动的。

中国的规划师经常画轴线，或者三心四圈来规划城市。所以城市空间已经不再只是三度空间，而是更复杂的空间。我们要怎样理解这件事？

当我们的前面有5个焦点，甚至20个焦点，我们可以了解这个城市的信息。但当我们的前面有20000多个焦点呢？我们怎么能理解这个城市空间呢？这个时候，城市设计和规划的策略就应该有根本性的改变。

有些软件可以把无穷多的东西呈现在我们面前，甚至可以演算我要买一个产品，最便捷、最短的路径在哪里。物联网在发生着根本性的变化。因此，我们这些建筑师、工程师可能要重新想想我们该做什么才能回应这个时代的问题了。

第一个项目是蒲和美园，离东京大约有 1 个小时的地铁车程，这个区域可以说是东京中心城的卫星城。这里有个场馆是 2002 年世界杯足球赛的主场馆。为了做这个项目，中央政府给了很多支持性的政策，因为奥运会要有很多亮点，其中一个亮点，就是智慧城市。

我个人在这里最大的收获是看到了政府和企业合作的机制，我觉得非常有意思。地方政府在当地设了一个城市设计中心，是由地方政府出钱的，但是它只有 5 年的预算，也就是说 5 年后，这个城市设计中心要自己独立运营，要自己赚钱。所以城市设计中心必须找到合适的运营模式。刚开始建这个中心的时候，IBM 找到城市设计中心相关人员，说要卖给他们一个智慧城市系统。城市设计中心的人员说，我们将来自己会产生很多数据、很多商业模式，我们要转卖给你们。就这样，他们回绝了 IBM。他们的设想是，在 3 平方公里的智慧城市区域里，建筑物中有几百个传感器，一条街道有几千个传感器，区域内有几万个传感器，会产生大量数据，他们会跟不同的企业合作，看哪个企业能够把这些数据转换成有用的算法、变成商业模式。

这个课题中有几个根本的问题。

第一个是超高龄化社会。日本社会是老龄化的社会，这个问题非常严重，专家预测若干年后，日本可能就没有多少年轻人了，工作的人很少了，大部分人都是退休老人，整个社会的危机就很大。所以新社区的开发规划中要考虑多元社会的组成。不能只有老人在这里，还需要有多元主体。还有所谓的控规，有不同的多元化的住宅选项，提供给这个城市的中心规划者考虑。

第二个是智慧城市建设。城市空间其实是随时会变化的，例如，有一个容纳 6.5 万人的主场馆，平常有 3 万多人在活动，假日可能有 10 万人一同进来，那大家怎么停车？停车就是一个最好的例子。平常没有人停车，到处都是空的停车位，但是假日车位又不够，怎么把这个停车场转换成多功能使用空间？这就要利用所谓的互动式设计。比如现在我们比较熟悉的智慧停车，用手机一查就知道哪里有停车位，缩短了我们找停车位的时间。进一步地，我们可以把停车场变成篮球场，变成社区的活动空间。有比赛的时候就可以变回停车场。所以一个空间不能只有单一的功能，而要多功能使用，这需要通过设计的手段来实现。

还有很多其他的例子，比如大家比较熟悉的路灯，当没有车经过的时候就不会亮，有车经过就会亮，因为有传感器。城市空间因为时间的变化而调整，实现能源使用的优化和功能的多元化。

第三个是交通拥堵。有一个地方，离东京的城区有 1 个小时车程，有点像东京的郊区。开车来这里的人大约占东京总人口的60%。我们去之前做了交通模型，预测了会堵车的地方，到当地考察的时候真的就在那里堵车了。这里有一个关键建筑是一个购物中心，这个购物中心带来很大的车流量，造成了交通拥堵。市政府在思考怎么管理这个购物中心。它可以带来很多税收，可是也带来了交通堵塞的问题。购物中心快要拆了，因为只剩下3年租约。我们跟市政府以及购物中心的人员开会，提出一个方案，将购物中心搬到主场馆和地铁站中间，把容积率缩小，把容积转到别的地方去，同时给购物中心一些补偿。新的购物中心在地铁站旁边，有更好的招商机会。

智慧城市的规划跟传统城市的规划有什么不一样？如果各位有开发和规划行业的经验，就知道控规、容积率是什么，能看懂建筑图纸。但是那张纸上的内容，其实是凝结在时间里的，不是灵活的。在智慧城市的时代，有这么多数据和不可预测的变化，包含自然环境的灾害，都要被考虑进规划中。靠一张图纸可能没有办法解决问题，所以我们得想新的办法。

我们要通过一个责任系统，就是规划决策资源系统来辅助规划，不能只靠图纸去管理开发和将来的建设，而要借助信息系统的即时数据，去评估方案。一个项目到底有没有达到我们社区或者政府定的标准？包括节能、节水等各方面的指标，或者交通可行性。达到了标准，政府再发项目开发许可证，或者建筑开发许可证。

蒲和美园这个地方的城市设计中心，扮演着政府和企业间的桥梁的角色，它要用大数据去动态管理城市，及时调整各种方案和绩效的标准。

在城市改造过程中有一个非常关键的问题，就是谁来付钱。东京最近正在规划绿色债券，东京银行前段时间宣布要给一个项目5亿美元左右的支持。这有点像基础设施的债券，叫作绿色债券，银行有一些办法审核项目，符合贷款资格的项目，必须是绿色的，要有一些客观的认证单位去认证它是绿色的才行。如果项目达到绿色社区的铂金标准，银行就通过一个代码，给项目贷款。

怎么知道一个项目有没有达到绿色社区的铂金标准呢？项目管理者在各项指标中打钩，指标包括能耗、碳排放、水资源、可步行性、健康等，在70多项里面要勾选60多项才达到铂金标准。这是整合了城市设计、绩效评估的标准。这个机制现在还在推广中。

第二个项目是一个旧城区，叫京岛。这个地方在第二次世界大战之前是一片农田，是一片低洼地区，所以在社会中经济相对弱势的人会搬到这个地方住。而东京的有钱人都住在地势比较高的地方。住在比较低洼的地区的人，社会经济地位都比较低，京岛就是这样的一个地方。我们可以看到这里的房子都很挤，路都是小巷子，救护车、消防车开不进去。房屋有很多老的木造的结构，有火灾隐患。炎夏来临的时候，很多老人热得生病，也不敢开空调，因为要省电。一些老人甚至因此去世了。这里面临很多社会问题。这片区域旁边是一个晴空塔，游客会到晴空塔去观光，而其他地方的商业就衰落了，没有人到这个社区里面去消费。

政府一直想解决这里的问题。这里的街道都不是直的。房子盖在农田上，道路都是以前的灌溉水渠，然后在上面形成社区，所以政府非常头痛。如果东京发生地震的话，这里可能就会发生大火，也没办法救火。如果里面的老人需要急救，救护车也开不进去。政府在过去30多年里一直想改进这里的道路。但是这非常困难，因为每一块土地都是私人所有的，政府要调整，是非常难的。所以这里是一个非常典型的老旧社区更新的案例，非常棘手。

山形先生了解了这个项目，提出了一个方案，就是借助奥运会的契机来改造。这里主要的问题有怎样利用观光带来的机会，怎样解决老龄化社会的医疗问题、健康安全问题等。有很多可能的措施，一个措施是改马路，但这很困难。能不能利用一些程序，比如设计专门的手机APP，引导上班族或者观光客不要去很挤的地方？通过软件的协助引导人流分散，是一个可行的办法。

程序可以动态模拟路况，告诉人们人流在哪里、有多少人，人们是走路、骑自行车、搭地铁还是开车，这也许能够转换成有用的及时资讯。尤其是在奥运会举办时期，所有的程序使用者都可以得到反馈。

这个地区要做更新，有些老房子也不能拆掉，只能更改设备设施，如外墙、屋顶等，慢慢实现节能。项目团队做了大量的工作，包括计算整个地区的系统能耗、建造屋顶的光伏板数量。屋顶的光伏板不足以用于每天的发电，光伏板的主要作用是当灾害来临的时候提供应急电力，有防灾的功能。这样的系统强调以人为本，要让这些信息能够被整合在手机程序里，地方政府和社区居民可以拿到这些信息。比如当热浪侵袭的时候，大家就知道什么时间和什么地点最好不要去某个地方，而要去公共建筑物里避暑。人们可以根据信息来解决生活问题。

智慧城市能够把刚才提到的大数据变成有用的信息。所以智慧城市建设并不只是硬件的建设，还包括建设使用者和社区居民共同参与的信息平台。

京岛这个老旧社区的路太窄，也不可能拓宽。所以我们可以将新型的电动车，如小型无人驾驶电动车，开到很窄的路上，跟行人徒步密切结合，能够满足防灾、紧急医疗、快递运送等的需求。地下空间也很重要，可以在地下做蓄电池。电动车白天在外面跑，晚上放到地下去充电。充电所可以是多层次的地下空间，包括公园绿地和公共活动空间。无人驾驶车对于城市空间最大的影响，在于省了很多停车位，这些停车位可以变成新的公共空间。城市的公共空间可以重新组织、重新利用，有了更多可能性。

另外，城市规划不能仅依靠图纸来解决问题了，而要利用不同的地区、街区、建筑物、交通网络系统、物联网的数据和资料库来反馈信息，我们看到的现有的可视化的平台，其实是城市规划或者智慧城市的城市管理中很重要的一环。所以，城市规划局不只是在画图，也在打造信息系统，在很短的时间里把资料转换分析结果及时反馈给决策者。政府可以通过这样的平台去了解开发商，或者决定开始一个项目。

在这样的策略中，个人到建筑，到地区，再到城市，有多个维度的参与者。以前我们比较忽略中间的层面，就是社区和街区维度，其实它们是可以整合在一起的。这是我们现阶段要关注的层面。

第三个项目是最近才开始进行的，所以信息量比较有限。这个暑假，我参与了品川高铁站再开发。品川这个地方将来要盖一个磁悬浮高铁站。从东京到大阪，现在需要 3 个小时的火车车程，磁悬浮列车开通之后，只需要 1 个小时车程。品川这个地方在江户时代，其实是从京都到东京的门户，中间通过东海道。有了磁悬浮列车之后，这些地方就连接成了 1 小时车程的生活圈，两个城市变成了一个城市，我们怎么看这个问题？当这两个城市变成一个城市生活圈的时候，高铁站周边的空间是什么样的概念？品川车站的地位在将来和东京站是平起平坐的。现在东京站的地位是不可替代的，东京站是整个东京城市最核心的地点，但是品川作为一个新的入口，可能会重新决定其重要性和地位。

品川原来的街和旧的东西要保留下来。东海道这个地方有很多老旧的房子，有很多历史遗址。我们应该怎样连接未来和过去，打造新的车站地区？

这个项目提出来一系列很有趣的问题：智慧城市的历史向度是什么？智慧城市有没有历史的向度？历史和文化，这个向度怎么在智慧城市的话题下考量？我们收集的大数据其实是现在的数据，每 10 分钟就有一笔人流数据、能耗数据，或者各方面的数据，但这些其实都只是现在的数据。我们有没有可能掌握过去 200、400 年，甚至中国

5000 年历史的数据呢？这些数据是否能够在一个新的系统里面被体现？我们有没有可能在现在的空间里展现过去以及未来？有没有可能延展到更广的时间、空间的维度，去重新补充数据资料和信息？这些对正生活在这个城市里的人有很重要的意义。

我们有没有可能把未来的城市开发和过去的城市数据，通过一些新的城市系统设计联结在一起？这是一个很有趣的话题。

智慧城市不仅是一个智慧的系统，还是互动的环境，人和环境互动，虚拟空间和实体空间密切交织。人在城市空间里的认知，其实是延展到了过去、当下和未来的，充满对未来城市的想象。

李津逵 接下来是互动环节，每个人提一个问题。我们首先把提问机会给中国香港大学的王缉宪教授，他是地理学家，是从事规划工作的专家。

王缉宪 我今天为了两位老师和这个题目从中国香港专程赶过来。我本来准备了两三个问题，时间原因，我就提一个最关键的问题。我的问题是："谁在当上帝？"我们现在所说的智慧城市，是一种新的理想城市。我设想了一种情景，比如有一座空楼、一座住满人的楼。住满人的楼可能是一座使用率非常高的楼，自然是高碳排放的。而空楼是没有人住的，是低碳排放的。碳全从住满人的楼出来。现在我们要治理这个住满人的楼，而保护那个空楼，这会不会出现问题？

杨沛儒　问题在于谁扮演上帝的角色、做决定。我个人的看法是，所谓的上帝，应该是社区。深圳市可能有各种不同的街区和社区，一个街区、社区大约占地1平方公里。物联网有一个很关键的因素——地理空间边界，我们将地理空间边界运算叫作边缘运算。比如，今天我坐无人驾驶车，我要及时把数据送到云端再回来，这可能来不及，等数据反馈给车辆系统，车可能已经撞到东西了。所以我们要在地理边界上布设物联网系统，这是为了及时反馈信息。

还有一个更关键的问题，就是谁拥有数据、谁能够享有这些数据带来的好处？不应该是那些最大的全球企业来掌控全世界的数据，而应该是每个社区来掌控。所以物联网是要做落地的，有几千个、几万个感应器布设在我家的社区，就有了一个边界范围，社区可能有几千个住户或者几万个住户，大家共同决定什么时候去吃晚饭，大家定一个公约，一起实现人对社区最好的关怀。

胡建新　感谢两位老师。我的第一个问题是问山形先生的，山形先生刚才分享了很多数据，我想请教的是，在日本，这些数据是可以公开获得的吗？每栋楼、每辆车的数据，都可以公开获取吗？作为研究者，方便获取数据吗？

第二个问题是问杨教授的，杨教授提出了一个非常好的方法，绩效分区，这是一个比较先进的规划方法。但是在中国，我们用的依然是固定的分区规划的做法。刚才我们也有谈到生态绩效类的绿色认证的评价方法，这是一个好方法。但是这种方法容易滋生腐败，因为很难量化。我很好奇的是，你现在提到的方法，在日本，或者全球哪里是做得最好的？有没有成功的案例？

山形与志树 在日本，我们可以获得部分公开数据，但是还是要签合约的，数据能公开多少，是受到合约限制的。

杨沛儒 美国纽约、曼哈顿前段时间公布了能耗的数据，我们可以依据这些数据写博士论文。我们自己的实验中涉及的每一栋建筑物都有很详细的资料，都是公开的，都可以从网上下载，这是在美国做研究比较方便的地方。

回到刚才的话题，就是关于绩效分区有没有什么案例？一个例子是，东京政府在管理开发控制上力度比较弱，允许开发商从事比较有弹性的工作，所以很多建筑物都是垂直混合使用的，有的建筑有十几层、二十几层，餐厅可以在 20 层，没有管得那么严，不像国内管得相对比较严。有趣的是纽约的曼哈顿，他们 1913 年发布了一些土地实用分区管制文件，曼哈顿和纽约是寸土寸金的，所以文件定得非常细。最近纽约开始推广绿色城市理念，所以颁布了另外一个文件，鼓励使用再生能源、建设城市农业屋顶等。

另外一个例子是，3 年前我参与了中国台北市政府的一个有关淡水河沿线更新的项目。河旁边都是老旧房子，市长想把河岸的房子都变成像曼哈顿的改造房一样，我们承担了那个项目，发现根本不可能实现，因为河岸的房子土地所有权划分得很细，老旧的房子根本更新不了。后来我们就提出了生态容积率概念，要增加容积率。政府没有足够的财政支持供开发商进行城市更新，所以提出增加生态容积率，让开发商增加容积率到一定的程度，给他一个诱因做更新，但是要做节能、低碳的开发，体现了绩效分区的精神。

龙　隆　刚才杨博士讲到的旧区改造、智慧城市、传感器是大家都知道的。未来的智慧城市里很重要的是传感器，各种各样的传感器。当这些传感器布满以后，我们现在看不到东西就都可以看到了。走向智能化以后，我们以前看不到的东西都可以看得到。

所以我想代替你们讲一个东西，就是可能未来智能化以后，各种各样的传感器的发展是挡不住的，但是数据是一个大问题，有可能有人远程就把某项数据修改了。

刘国宏　我是研究金融的。我想请教山形先生，您谈到了绿色债券的发行。这件事在推行的过程中有很多问题，比如政府压给银行一些政策性的绿债，但是银行自身是没有动机这么做的，因为从金融机构的角度来看这是不可持续的。从更长的时间角度看，绿债项目可能是有益的，但是银行不会等那么长时间，所以做不下去。这件事美国、日本做得比较好，所以我想就财务的可持续性、绿债未来的前景请教山形老师。

山形与志树　欧洲银行发绿债，是建立在信任的基础上的。由当地政府支持银行做这件事情，因为建立在信任的基础上，绿债才有可持续性，并且带来更多的收益。

龙　隆　财务模式，就是无碳规划的模式，从市场本身的机制来看，肯定是做不了的。德国能够做起来，是靠政府的特殊收费方式支持的，或者是靠财政政策来支持的，前期肯定要亏钱。我们想把地球的温度降下来，减少碳排放，但是有的国家不相信这件事，或者即便相信了也不出钱。当有一部分人搭便车的时候，这个事情就做不下去，这是我们面临的很多问题中的一个。

邱博士　我这两年刚好在国际低碳中心兼职，国际低碳中心以后想做这件事情，我希望以后我们在这方面能加强合作，实施一些比较先进的技术，看能不能在深圳落地。

山形与志树的助理 我在来之前听说深圳的物联网正在蓬勃发展，我很好奇深圳是如何发展物联网的，物联网未来又该走向什么方向。

中日的情况不太一样，日本的数据可能在中国不太适用，在深圳，人们应该想办法收集本地的数据。是不是有办法从大的互联网企业获取数据，提供给研究人员进行项目的研究？这对于更好地实现新科技的发展、建设绿色城市，是一个很好的解决方法。

嘉　宾 从历史上看，地球经历了很多个冰期，小的冰期可能是1年一次，大的可能是几万年一次。如果从几千年甚至上万年的时间来看，人类活动对于气候的影响是怎样的？特别是对于冰期有什么影响？

山形与志树 冰期是个非常复杂的气候问题，对于现在的气候变化，我们更多地关注全球变暖，但是我们并不知道下一个冰期会在什么时候到来。碳排放实质性地影响了气候变化，全球变暖是一个系统性的气候问题。

李津逵 在这个美好的下午，我们一起聆听了山形先生和杨教授给我们讲的这些大数据、物联网数据在智慧城市中的使用案例。在这样的时代，掌握数据的人就掌握着人类的命运。所以，社区参与、公众参与非常重要。

山形先生在讲到四个能力时，特别提到了公众参与的能力。而杨教授回答了“谁是上帝”的问题，他说社区是上帝。所以，如果没有社区，没有公众的主动参与，我们就把我们的数据拱手让给了大企业。

数据掌控生活的时代正在来临。在这样一个智慧城市的时代，我们可以选择束手就擒，也可以选择社区参与。

感谢山形与志树先生，感谢杨教授！

盐野七生与她的《海都物语——威尼斯共和国的一千年》

第137期银湖沙龙

主讲嘉宾：徐　越　《海都物语》译者

主 持 人：南　洁　综合开发研究院（中国·深圳）法律顾问

南　洁　我很荣幸地邀请到了我在上海遇到的徐越女士，徐越是复旦学子，所以在20世纪80年代的某一个时段，我们也许会在复旦的某一个餐厅里擦肩而过。后来她去了日本，进了早稻田大学，在20世纪90年代进入日本商界，成为日本的商界精英之后，进入了中国商业领域，在日本和中国都有不错的商业表现。

徐越在商界做到巅峰的时候，急流勇退，为了爱好、为了传播自己的思想，成了一名翻译家。如果说在20世纪50年代，翻译家无论是在社会声望方面，还是在经济方面都是让人羡慕的，那么，如今的翻译家，则完全是靠自己的理念来支持生活的。

让我们一起来聆听徐越女士讲述她的传奇故事。

徐　越　我翻译的第一本书，就是盐野七生的著作。就像一个小孩去学校读书，如果遇到的第一个老师好，他就会对学习产生兴趣，成绩大概也会好一点。盐野七生就是这样为我打开了一扇窗。相较于男性，女性对历史的兴趣不那么浓厚，不太会主动地去进行一些系统性的学习。如果不是遇到盐野七生的作品，我大概永远不会想去探究欧洲的历史。

坐在书桌前翻译历史，让我真正地体会到了什么叫纵横千万里、上下五千年。也许有人会说这是古人的情怀。其实，我们现在但凡有心，随时可以去一个地方亲身游历一番。可是如果不了解当地的历史文化、风土人情，去了大概也就是拍几张照片、吃几顿美食而已。如果有些知识储备，游兴会更高、更浓一些。

看那些欧美的影视剧、小说亦如此。不少台词的背后都有典故，如果能听懂，观感会十分不同。比如“修昔底德陷阱”，是一个西方人耳熟能详的典故，但可能少有国人了解它。所以说，历史既高大上，又平易近人，很有趣。

我们中国人爱说“以史为鉴”。思考历史，就是在思考它对我们的现实有什么教育意义。盐野七生说过，研究历史，首先要有热爱。热爱了，就能持续下去。先以史为乐，之后再去深究它的深远意义。

我不擅长演讲，更不是什么专家。今天与大家分享这本书，是希望能激发大家对历史的一点兴趣。

有人说做翻译是一个“赔本生意”。现在我们言归正传，来讲讲从来不做赔本生意的威尼斯人。

我想大家都知道威尼斯，即使没有去过，影像图片总是见过的。威尼斯，人人向往之。如果去欧洲旅行，几乎没有人会错过此地。

可是我们很难想象，在公元5世纪，那里是潟湖，就是一片泥沼地。潟湖，有人写成“泄”湖，是不对的。

公元5世纪的时候，西罗马帝国已经被外族入侵，那时候最厉害的外族是匈奴。他们快打到罗马了，当地人怎么办？只能逃。往哪里逃？能去的地方都已被占领。于是，一群人逃难来到一片湿地。因为这里不适合人类生存，所以外族人对这里没兴趣。

那是一个没有资源的小岛，除了海鱼和盐，什么都没有，人们只能出去卖货来换取生活必需品。于是，威尼斯人变成了闻名遐迩的精明商人。他们做生意最初是生活所迫，盐是人的生活必需品，他们卖了盐，换取其他的日用品，潟湖中的生活就这样开始了。

威尼斯的位置位于意大利的东北部。顺便提一下，现在的意大利是1862年才统一的，在此之前它是由若干城邦国家组成的，如佛罗伦萨共和国、威尼斯共和国等。

公元452年，也就是在中国的南北朝时期，还没有威尼斯共和国，那里的居民不过是一群难民组成的一个小群体。威尼斯当时名义上附属于拜占庭帝国。

罗马帝国在公元395年，分裂为东罗马帝国和西罗马帝国。西罗马帝国在公元476年，也就是威尼斯人在潟湖中建立起小群体的24年之后灭亡。东罗马帝国还在，它也叫拜占庭帝国，其首都君士坦丁堡，如今叫伊斯坦布尔，是当时世界上最富裕的城市之一。那里连接东西两方，所有的商人都得去拜占庭帝国做生意。

西罗马帝国消亡之后，日耳曼人建立了神圣罗马帝国。他们觉得自己才是正宗的罗马继承者，威尼斯人得听他们的。威尼斯人不从，于是他们打了一仗。威尼斯这一群难民第一次打仗，竟然打赢了。为什么？因为陆地国的人不会打海仗，战场又是在泥沼地，陆地国的人开着大船进去，然后陷进泥沼，被威尼斯人打败了。

威尼斯人真正的胜利是在打完仗的1年之后，神圣罗马帝国正式允许他们在自己的境内通商。而拜占庭帝国原本就同意威尼斯人在其境内做生意。

当经济逐渐发展起来了以后，这群难民觉得要成立一个国家。于是，在公元691年，威尼斯人第一次选出了元首，也译成总督。元首是终身制的，直到1797年威尼斯共和国被拿破仑消灭，这个制度始终没有改变过。

威尼斯人一边走向海外做生意，一边开始建立国家。

虽然是逃难，但是谁也不想逃到沼泽地的中央，刚开始大家还是尽量住在靠近陆地的位置。神圣罗马帝国打进来之后，威尼斯人意识到，不能靠近陆地，因为随时会被侵犯。所以，他们继续往潟湖的中央迁移，慢慢地形成了如今的威尼斯城中心。

接下来说说著名的威尼斯运河。所谓运河，从字面上理解是挖掘陆地、开凿成河。苏伊士运河、中国的大运河都属于这一类。威尼斯本来就有水，挖运河的首要目的不是行船，而是通水。如果水不流动，这个地方就“死”了。我们看见威尼斯的运河都是弯弯曲曲的，就是因为要尽量通水，需要拓宽的就拓宽，需要拐弯就拐弯。因为那里是沼泽地，海水、河水混合，所以不能贸然填海造地。填了之后，如果海水和河水的两股力量无法分流，会造成泛滥。

就这样，威尼斯人不屈不挠地在一个不适合人类居住的地方，建立起了他们的家园。

起初，威尼斯人做的是河川生意。到了公元 1000 年，当整个西欧都在惶惶不可终日担心末日来临的时候，威尼斯人走向了海洋。海洋贸易和河川贸易的规模不可同日而语。原来是卖鱼、卖盐，走向海洋之后卖什么？卖木材、卖奴隶。那个时候的威尼斯人把奴隶卖往非洲。

我们以为非洲大陆应该有很多木材，对吧？事实上，非洲人那个时候没有保护环境的意识，乱砍滥伐，结果威尼斯人把木材运到了北非。当时的北非是一个很富饶的地方。威尼斯人在北非卖了奴隶和木材，赚了钱回到君士坦丁堡，购买东方国家的物产，带回西欧销售。在 13 世纪之前，东方国家无论在文明还是经济上都远远超过西方国家，来自东方国家的丝绸、茶叶、宝石等，都是西方人喜爱的奢侈品。

相较于做生意，当时更容易赚钱的是做海盗，但威尼斯人没有选择做海盗，而是选择打击海盗。威尼斯海军之所以发展成地中海最强大的海军，和打击海盗是有关系的。

除了防海盗，商船出海沿途还需要靠港补给、躲避风暴。威尼斯人依靠海军的力量，控制了沿线的关键港口，将它们连成一条线。盐野七生在书中用了一个形象的比喻，称之为“海上高速公路”。就像现在的高速公路，沿途有加油、休息的地方。“海上高速公路”的建立，是威尼斯人取得成功的原因之一。

威尼斯的经济实现空前的飞跃，则是因为第四次十字军东征。十字军东征，简单地说，就是基督徒去夺回耶路撒冷。前三次十字军东征，只有第一次是成功的。一群散兵夺回了圣城。接下来的第二、第三次都是由国王带队的，堪称全明星组合，却铩羽而归。所以，当法国的香槟公爵提出第四次东征时，当时西欧历史上叫得出名字的骑士全体响应，教皇当然也很支持。

去耶路撒冷，走海路更便捷、更安全。那么谁家最具海上实力、船最多？答案是威尼斯。于是，十字军派了6名使节去和威尼斯商议。“我们有35000人，需要运人、运货、运马的船，你得给我准备200艘船，还有口粮。”威尼斯人算了算，所需费用为8.5万马克，相当于一个国王2年的收入。精明的威尼斯人知道十字军大概不可能召集到那么多人，当年国王亲征也只带了1万人。但他们最终还是决定，倾全国之力投资这项大事业。因为在中世纪，东征不仅是为了崇高的理想，还是因为东方国家更富裕，当时世界上最大的生意之一就是十字军东征。

威尼斯人把所有能调回的船都召集回来，不够就再造新船，1年之后如期交货。而十字军，拼拼凑凑总共才来了1万人，也支付不起当初说好的8.5万马克的费用。他们和威尼斯人商量，分4次支付。可是首付了2.5万马克之后，剩下的6万马克就没了下文。威尼斯人说没钱我不开船，你们得想办法把钱凑齐，我们一字不差照合同把你们要的东西配齐了，你们来多少人是你们的事情。

无奈之下，那些王公贵族把自己带来的金银器全部拿出来，当时整个威尼斯广场上金银堆积成山，可钱还是不够，这些东西只能抵1万马克，而且也没有银行敢贷款给十字军。

当时的国家因为怕传染病，是不允许军队驻扎在市区的。十字军被困在外岛，一筹莫展。他们都是有头有脸的人物，不能因为没钱就打道回府，这也太没面子了。过了一阵子，威尼斯的总督，一个几乎全盲的80多岁的老人，来找十字军的领袖商量，说还款可以延期，但有一个条件，十字军得帮威尼斯攻下扎拉。

扎拉是上文说到的“海上高速公路”沿线的一个重镇，与威尼斯作对。对于威尼斯而言，丢失扎拉，等于“海上高速公路”被拦腰截断，所以无论如何要夺回这块失地。

扎拉人全是基督徒。十字军本来是要去打异教徒的，现在威尼斯人竟然让他们去打自己人。可是，为了摆脱困境，为了解放耶路撒冷这个更伟大的目标，十字军最终还是答应了。结果，打了3天，扎拉重新归顺威尼斯。

按理说，攻下扎拉，十字军应该可以启程出发了。可是威尼斯人又说，冬天不能出海，你们就在扎拉等到春天。十字军中有一些人急不可耐，自己找来船出海。可是陆地国家的人不会行船，结果全部葬身海底。

就在这个时候，十字军的营地来了一位王子，是拜占庭的王子，据说就是哈姆雷特的原形。他的父亲被胞弟抢了王位，还被挖去双眼、关进大牢。这位流亡在外的王子对十字军道，我是正统王子，现在我的叔叔篡位，我恳求你们帮忙，打回君士坦丁堡，帮我夺回王位。拜占庭有钱，给你们20万马克，你们不仅可以还清欠威尼斯的债务，还有盈余。再说，你们不是要攻打耶路撒冷吗？攻下后你们回欧洲，我派人去帮你们守住圣城。

君士坦丁堡可不比扎拉，它是当时西欧最坚固的一座城。更何况，拜占庭帝国对西欧人而言，是最后的祖国。攻打祖国的首都，简直天理不容。

和十字军不同，威尼斯的元首，对王子的这个建议倒是没有抵触。当时的拜占庭帝国已经衰败，它靠近西方的海域是依靠威尼斯海军维护的。可是眼见着这位请来帮忙的“小弟”越做越大，做“大哥”的反倒被捏在手中，拜占庭帝国不乐意了。它取消了威尼斯的最惠国待遇，转给比萨共和国，威尼斯在经济上受到严重的打击。

尽管威尼斯的元首并不相信这位拜占庭王子能兑现承诺，但是让一个不得不对威尼斯表示善意的人登上皇位非常重要。他们决定派兵加入十字军。

最终，十字军也痛苦地做出了决定。毕竟拜占庭王子提出的条件太有诱惑力。

对于公元1204年发生的史上著名的君士坦丁堡攻城战，我这里就不展开讲了，有很多相关的书，《海都物语》中也有详细的叙述。虽然是女性，但盐野七生非常擅长描写战争，很有画面感。威尼斯与热那亚、奥斯曼的战争，她写得也都很精彩。

君士坦丁堡被攻占之后，拜占庭帝国，即东罗马帝国正式消亡。十字军成立了一个拉丁帝国，选出一位法国爵士出任皇帝。拜占庭帝国3/8归十字军，3/8归威尼斯，剩下的归拉丁帝国。

虽然当初威尼斯倾全国之力，但最终的“投资回报”还是远远超过了他们的预期。自此，威尼斯开启了东地中海女王的辉煌时代。

在西方历史上，第四次十字军东征臭名昭著。人们普遍认为是威尼斯在背后使坏，这也是威尼斯人的形象在欧洲始终不佳的一个原因。

不过，威尼斯人的理念是“先做威尼斯人，再做基督徒”。他们是现实主义者。

接下来，我们讲讲他们成功的另一原因：强势的行政管理。

和威尼斯人同时代的热那亚人是航海的天才，但他们讲求个人英雄主义，有可能赚到暴利，但也有可能因为海难或海盗抢劫而倾家荡产。而威尼斯没有个人英雄，威尼斯依靠行政管理。

当时的商船有两种，大帆船和加莱船。加莱船是划桨船，成本高但有不受海风影响的优势。我们在电影中看到的好像都是戴着脚镣的奴隶在做划桨手，其实威尼斯没有奴隶划船，划船全部要花钱雇人。加莱船运载贵重的货品，像棉花那些东西只能用帆船运。运送贵重物品的商船，不仅船员自带武器，还有军舰护航。威尼斯商船主要有4条航线。走哪条航线、卖什么货、派哪种船去、是否需要海军护卫，是由国家决定的，而不是商人自己爱去哪儿就去哪儿。在海盗抢劫、海难多发的那个时代，与其他的海上城邦国家相比，威尼斯人的损失较小，这与强势的行政管理有很大关系。

对于资源缺乏、土地和人口稀少的城邦国家而言，优秀的治国能力是唯一的生存之道。为了杜绝一人独大、长期在位所引起的腐败，威尼斯有一套非常复杂的选举制度。盐野七生专门写了“政治的技术”这一章来介绍威尼斯独特的共和政体。

威尼斯的另一个特色是政教分离。当时，整个西欧世界几乎都被教皇控制，而威尼斯始终保持自由独立。每个国家都把城中最好的位置留给主教堂，但威尼斯不是。著名的圣马可大教堂不属于教廷，是元首个人的。罗马教廷派来的大主教所在的教堂，设在一个偏僻的地方。如果哪个威尼斯人成为红衣主教，那么他的家族成员永远没机会进入威尼斯的政治核心层，目的就是防止国家被教廷所操控。

以上就是《海都物语》上册的大致内容。下册讲到大航海时代的来临、奥斯曼帝国等大国的崛起，威尼斯在经受了种种挑战之后，自然走向灭亡。

顺便提一下，当时地中海世界的 4 个海洋国家分别是阿马尔菲、热那亚、比萨和威尼斯。这 4 个国家兴起于公元 9 世纪初，在 14 世纪下半叶达到顶峰，在 15 世纪末期衰落。其中阿马尔菲在 12 世纪上半叶、比萨在 13 世纪末、热那亚在 14 世纪中期，失去了国家的独立性。唯有威尼斯作为独立的共和国，延续至 18 世纪末期。

前面，我讲了威尼斯人成功的原因。还有一点需要补充一下。那就是公平，人人都有发财致富的机会。

要出海做生意，大贵族手上有钱，他可以租船，甚至包船。但平民怎么办？威尼斯政府允许船员按照级别，携带相应数量的货物上船。只要有本事在目的地卖掉带去的货物，再用赚来的钱购买商品带回西方销售，便能慢慢地积累起财富。虽然平民没有参政的资格，但在商业上还是有成功机会的。

他们还有类似现代模式的融资企业。比如，我是普通水手，打算带点货物去君士坦丁堡卖，可是我没钱置货，于是就去找富人张三，请他投资。赚来的利润的3/4都归张三。这样听起来是很不公平的。但是，我不仅可以找张三借钱，还可以找李四借钱，积少成多。同样，张三也不会只借给我一个人，万一弄砸，这笔投资就打水漂了。他会同时借钱给多位水手，就算有谁赔了本，但是从其他人那里还是能获取利益。威尼斯人很懂得分散风险。所谓割肉还债，不过是莎士比亚笔下的戏剧性桥段，事实上他们不会把所有的鸡蛋都放在一个篮子里。

接下来我们进入下册，大航海时代的来临。盐野七生不认为威尼斯是因为不思进取，没有加入大航海行列，所以才没落。她觉得一个国家有一个国家的气质，一个民族有一个民族的灵魂。威尼斯人没有参与大航海，是因为他们计算过成本。当时的东方不怎么需要西方物产，西方人只能做单程生意。冒着生命危险渡过大洋，万里迢迢地跑到印度采购香料，成本和风险太高。而地中海贸易是双向的，人们可以带着货物去卖，再买货物回来转手销售。所以他们没有像葡萄牙、西班牙那样开辟大西洋航线。

另外，威尼斯的人口不够。当时的西班牙、法国都是百万级人口规模，威尼斯后来成功扩张，加上陆地的人口也就 10 万人，没有能力去开拓大西洋航线。

威尼斯的衰败，最主要的原因是大国崛起。14 世纪崛起的奥斯曼土耳其帝国要打仗，随便招集一些人，就相当于整个威尼斯全体男性的人口。

中国人时常讲天时地利人和。虽然威尼斯当初从泥沼地一路走来异常艰苦，但是有一点它占了便宜，就是当时拜占庭帝国已经衰落，需要威尼斯的海军帮它维护西部海域。因此，它给了威尼斯最惠国待遇。如果拜占庭帝国非常强盛，根本不会把威尼斯放在眼里。当时的神圣罗马帝国也只是一个空壳，没有经济实力。威尼斯当初的成功是因为周围没有强势的大国，最后的衰亡则是由于大国崛起。东面有奥斯曼土耳其帝国，西面有西班牙、法国，威尼斯只能在大国夹缝中求生存。

在跟奥斯曼土耳其帝国打了几场仗以后，威尼斯知道自己没有胜算，乖乖地签下和平条约。那些陆地国家不需要做海外贸易，中世纪的时候最大的财产来源于农业，陆地国家不用走出去，他们自己有充足的土地。而威尼斯要做贸易，边上有那么大的国家虎视眈眈，奥斯曼土耳其帝国来抢地盘，对于关键的要塞威尼斯抵死相争，剩下的只能拱手相让。

贸易小国不会无限扩张，因为知道自己人口有限、能力有限，所以最重要的就是和所有人搞好关系，谁都不得罪。当基督徒国家跟异教徒国家打仗的时候，威尼斯跑去跟对方签和约，过一阵子，又转头向教皇求救，希望和基督徒站在一起。威尼斯无法凭一己之力对抗大国，它想要生存、保持国家的独立，只能左右逢源。

因此，威尼斯的外交能力十分强大。全世界第一个在其他国家设立大使馆的就是威尼斯。要做贸易，得了解各国的政治、经济情况，一条船出去，不知道下一个港口的领主是不是已经换人，那是很危险的。威尼斯人收集情报的能力首屈一指。

威尼斯就这样依靠外交和海军，在夹缝中求生存，又撑过了 2 个世纪。

1797 年，拿破仑的军队进入威尼斯。在共和国 1000 年的历史中，这是第一次，也是最后一次本岛被外国军队占领，威尼斯共和国宣告灭亡。

对于威尼斯的灭亡，刚才我已经说过，盐野七生的结论是“自然死亡，并非不思进取”。随着大国的崛起，威尼斯的人才远远不足以抵抗，而且它的政治体制也出现了问题。周边国家都开始转向君主制，威尼斯却从来没有想过要改变政体。君主制的好处是国王一声令下，全国上下唯命是从。而共和制需要议会举手表决，效率相对较低。

当一个国家崛起，需要整合全国之力，必须有一个强势的君主说一不二。为什么很多后进国家发展得比先进国家快？就是因为中央集权。

威尼斯是一个彻头彻尾的反英雄主义者，极其厌恶个人崇拜。共和制虽然在后期影响了它的发展，但是在很多年以后，又被公认为最合理的体制。

威尼斯的共和政体是贵族精英制的。贵族从政，背后需要强有力的经济支撑。大航海时代的来临，使得地中海贸易边缘化，也造成了威尼斯政治人才的枯竭。

虽然威尼斯人没有跟上大航海时代，但是他们还是成功地转型向手工业。威尼斯的玻璃、蕾丝都是很出名的，纺织业也很强，其丝绸甚至比东方的还要高级。在法国崛起之前，威尼斯曾经是欧洲的时尚中心。那些手工工厂，除了一部分是贵族投资的，很多工厂主本人就是手艺人，从一个小作坊开始发展。而这些事情贵族是不会做的。威尼斯的政治家原本是很清廉的，因为这些贵族可以只谈上层建筑、形而上的东西。但到了末期，由于失去经济上的支持，政治上也出现了买选票的腐败现象。以前的威尼斯贵族不喜欢和教皇有瓜葛，到后期，人人都希望能成为红衣主教，因为教廷有钱。

威尼斯人非常保守。世袭的议员位子，只传给嫡子，绝对不传庶出的孩子，哪怕他再有能力。贵族家庭出身的孩子，长子从政，其余的孩子可以出海做生意。即便没有继承到多少家产，他们也可以凭借自己的能力闯出一番天地。

在大航海时代，这些人失去了这样的机会，又无法转型成为手工业者。最后，甚至出现了一群贵族乞丐。他们上街乞讨，又碍于贵族身份，只好用一个布罩遮住脸，只露出双眼。

威尼斯的贵族精神曾经让整个西欧赞不绝口。有西方学者说过，威尼斯贵族精神最伟大的地方就是节制。贵族不是我们想象中的中世纪的王公贵族，违法乱纪、骄奢淫逸。他们跟平民一样，必须遵守法律、缴纳税金。如果发生战争，国家需要军费，便强行要求贵族购买国债。财产越多，购买的数量越多。贵族唯一的特权就是从政。但是到了末期，这种贵族的共和制抵不过君主制，精英的衰落导致了国家的衰落。

除了政治、经济，盐野七生在《海都物语》中，还谈到了旅游、音乐、绘画、戏剧、狂欢节，甚至还专门为女性写了一章。

这些都是正统的历史学家不太触及的内容，挺有意思的。

这里再提一句，盐野七生写历史，并不回避她自己的感情和立场。在这套书里，我们显然看得出她有美化威尼斯之处。她形容威尼斯共和国的后期，“像一个年轻时集万千宠爱于一身的美女，慢慢地、优雅地老去”。我想严谨的历史学家大概是不会这样表述的。但她一直强调她不是学者，而是作家。作家，要热爱，才能写好她笔下的人物。对于她的这份爱和激情，我是可以理解的。

最后，我想介绍一下盐野七生本人。她是 1937 年生人，因为是 7

月7日生的，所以得名七生。为了感谢父母给了她一个崇尚文学、艺术的家庭环境，她写作时没有使用笔名。

盐野七生毕业于学习院大学。说到日本名校，大家也许听说过东京大学、早稻田大学，其实，学习院大学也是一所非常好的大学，日本的很多皇族成员是从这里毕业的。她读的是哲学专业，毕业的论文有关文艺复兴。不过，最早激发她对地中海世界的兴趣的，还是她16岁时阅读的《伊利亚特》。

盐野七生第一次去意大利是在26岁，那时候她已经订婚，未婚夫与当时的皇太子、现在的天皇是朋友。她答应游学1年后回国结婚。结果，从16岁时就开始憧憬的那个地中海世界让她痴迷不已。未婚夫追到意大利，她说，我要留在这里，不结婚了。盐野七生后来开玩笑说，如果当初不悔婚，她就是贵夫人了。

她留下了。但生活费从哪里来？20世纪60年代的日本并不富裕。盐野七生找到了生计。当时的日本时尚杂志，使用的是从欧洲买来的版权，所以照片中都是洋人模特。时尚从业者没有经济能力，也没有想法带日本的模特去欧洲当地拍摄。机缘巧合之下，盐野七生结识了来意大利看时装秀的杂志编辑。她对编辑说，我帮你们去向那些大牌借衣服，帮你们拍照，比你们买版权便宜。她穿上那些时装，在罗马街头拍时尚照片，然后将这些照片卖给日本的杂志。素人街拍方面，她算是日本第一人。我想，杂志之所以刊登她的照片，应该和她身上有异于同时代的日本女性的气质有关吧。

由于上述机缘，她和不少意大利的时尚名牌都打过交道。她曾经说过，如果当初拿到品牌在日本的代理权，那么她现在就是亿万富翁了。很遗憾她对这些事情一点兴趣都没有。

在意大利逗留了2年之后，盐野七生返回日本。然而，日本社会温水一般的氛围让她感到无趣，痛感这是一个没有英雄的国度。她决定再次远走意大利。这一次她遇到一位贵人，《中央公论》的主编。《中央公论》是一本以男性精英为读者的内容严肃的杂志。主编建议她写一些有关意大利的文章，并给她一个命题——《文艺复兴时期的女人们》。因为她是女性，大学时期研究文艺复兴。

于是，盐野七生在30岁时写下了她的处女作——《文艺复兴时期的女人们》，从此以后一发不可收。写完文艺复兴时期的一系列作品之后，她决定写古罗马的历史。因为文艺复兴，就是复兴古希腊、古罗马的文明。

《罗马人的故事》问世于1993年，1年出版1本，总共15本，她写了15年。每年的前半年做史料研究，后半年的前3个月写作，后3个月修改。她走遍了古罗马帝国曾经的版图。她不带照相机，仅靠笔记本和眼睛记录。她说，用相机，人会偷懒，注意力不会那么集中。回来后再看照片，感觉也会淡漠。所以，要用脑、用心去记住那些瞬间带来的冲击力。

《罗马人的故事》在日本累计销售了1090万册，据说日本的精英人士几乎人手一本。在《罗马人的故事》之前，日本出版的有关西方历史的书，不是小说，就是学者写的专业书籍。像《罗马人的故事》这样处于专业和非专业中间、供一般人士阅读的普及版的历史书很少见。

如今，盐野七生正在撰写《希腊人的故事》。她说这本书将是她的封笔之作。相信不久之后，我们就可以阅读到中文版。

在作为作家的同时，盐野七生还是一位母亲，需要抚养孩子。她一天只写作 4 个小时。上午雷打不动坐在书桌前，下午带孩子、逛街。顺便提一句，她最爱的时装品牌是阿玛尼。她的前夫是一位西西里的旧贵族出身的医生。她和前夫离婚的具体原因不清楚，不过她好像说过，没有哪位丈夫能够忍受妻子几十年如一日地趴在书桌前。离婚时她只要两样东西：儿子和保姆。在欧洲能雇得起保姆的人并不多，我们可以想象她获得的版税有多高。

如今她的儿子已经成人，在当她的助手，因为很多史料是拉丁语和希腊语的，需要翻译。她的意大利语，用她自己的话说，是靠阅读八卦杂志和侦探小说自学的。

母亲去世的时候，盐野七生有些伤感地对儿子说：“你外婆可以去天堂见你外公了，我死了以后，天堂没有人等我。”她儿子回答说：“妈妈，你笔下的英雄，那些男人们，都在天堂等你呢。”她说因为儿子的这句话，她觉得这一辈子都值了。

再顺便提一句，在那些在天堂等她的男人们中，她最爱的是凯撒。她说一个优秀的领袖，需要具备 5 种特质：智慧、说服力、忍耐力、自控力和坚强的意志。唯有凯撒拥有全部的这些特质。

比如罗马帝国的第一代皇帝奥古斯都，也就是屋大维，如果单纯对比政治功绩，他可能比凯撒更加伟大。因为他结束了内战，开启了罗马统治下的和平时代。但是盐野七生嫌他做人过于一板一眼，写文章也不像恺撒写得那么出色。她承认他是一个伟大的政治家，但不是有趣的男人。

王宝珍 我对这个作者很感兴趣，我在国内没有见过她的其他书，我想了解一下盐野七生的书在国内的出版情况。

徐　越 盐野七生 50 年间写了 50 本书。最具代表性的是《罗马人的故事》和《海都物语》。中信出版社于 2012 年在国内推出了《罗马人的故事》。由于受到了知名人士的推荐，这套书立刻在财经圈火起来了。

《罗马人的故事》出版后，中信出版社邀请盐野七生来中国，第一年没成功。第二年她来了。这是她第一次来中国。

她在北大做了演讲，出席了几场对谈，几乎所有中国知名的媒体都采访了她。

她和中信的主编说，“没想到中国人这么喜欢我的‘罗马人’，如此关心西欧历史。我听那些精英说中国要走向海洋，要做海洋大国，那我觉得你们应该读读我写的《海都物语》。”彼此都有心，3 个月以后就把事情敲定了。她的文艺复兴系列正在陆续出版，一共有 6 部作品。

王宝珍 她在日本是历史学家还是小说家？

徐　越 日本有一位著名的写过很多有关中国历史的作家，叫司马辽太郎。他曾经说日本只有两种人，一种是历史学家，另一种是历史小说家，而盐野七生正好介于两者之间。

王宝珍 她的作品应该不属于小说类吧？

徐　越 她的作品属于非虚构类。盐野七生始终强调，她不是历史学家，但也不是虚构类小说家，她写的内容都是经过考证的。她说她和历史学家最大的区别是，历史学家写他们知道的事情，她写她想知道的事情。

专家学者可能会在她的作品中找到不少学术上的疏漏之处，但是作为普及版的历史书，供普通读者阅读，应该是足够精彩了。

嘉　宾　您刚才说她50年写了50本书，这个经历令人很感慨，也让我们惭愧，我们缺少50年写50本书的精神。

徐　越　她的了不起之处是没有人要求她写。不是哪个机构说要支付一笔经费、提供一个地方让她来写，是她自己喜欢写。她唯一写过的命题著作就是《文艺复兴时期的女人们》，之后的作品都是她自己决定主题的。

另外，日本人喜爱读书，这一点也很了不起。盐野七生的版税可以维持她体面的生活。一个写非虚构类作品的人可以养活自己和儿子，还可以买心爱的阿玛尼服装……同类型的中国作家大概是很难做到的。

一个人的成功，除了个人的天分和努力，也离不开健全的社会环境。中国如今已经相当富裕，所以我们很期待，尤其是在深圳这样的商业城市，诞生几位美第奇这样的人。

美第奇家族之所以伟大，是因为他们自觉不是文化人，不会乱出主意、指手画脚。但是他们有眼光，看得出像达·芬奇那样的人是天才，不惜千金购买他的作品。我不是因为到了深圳才说深圳好，我一直感觉深圳是一个非常自由的城市，有着十足的创新精神，所以非常期待深圳版的美第奇家族出现。

德国与瑞士文化创意产业观察与思考

我们的世界

第 54 期银湖沙龙

主讲嘉宾：关　鸣　《wave 弄潮》杂志主编、广州绿色之春文化传播有限公司出版人

主 持 人：周志辉　深圳市锦绣时代投资顾问有限公司总经理

周志辉　文化创意产业，在中国是一个很热门的领域。真正的文化创意产业到底是什么？国内还停留在探索的阶段。目前国内的文化创意产业是政府高调支持下的文化创意产业，在我们国家真正成功的案例不是太多。

关　鸣　我们这次是受德国与瑞士文化外事部邀请，赴德国和瑞士 10 天，深度体验两个国家在文化创意产业上的软实力。我们一共有 15 个人被邀请参加，这是德国跟瑞士文化外事部的一个系列计

划，这次是第一期。他们在世界范围内选了15位资深设计、传媒从业者，包括在中国的2位，我是其中1位。

他们安排了德国摄影师和德国电视台的一个小组跟拍我们的整个行程。德国的旅游局官员负责安排我们所有的行程，真正全程陪同我们的是2个人，一个是资深的记者，另一个是歌德学院的官员。

我们每到不同的城市，都会有不同的政府官员和跟文化创意产业相关的人来接待我们，我们去的城市有德国的法兰克福、杜塞尔多夫、艾森、汉堡、柏林、波斯坦、莱比锡、慕尼黑、埃姆，瑞士的圣加仑、苏黎世、巴塞尔、威尔。

我们老在提文化创意产业，那么到底什么是文化创意产业？最早，文化创意产业概念是由英国人提出来的，实际上，整个欧洲对文化创意产业的重视程度远远超出我们的想象。

这次行程中我们把11类文化创意产业全都体验了，包括音乐、图书、艺术、电影、广播、展览/表演艺术、设计、建筑、新闻/传媒、广告等。到了法兰克福的时候，德国设计师协会的会长在他们的新闻中心召开了盛大的欢迎晚宴，他们邀请的人除官员之外，还有设计师、诗人、哲学家、作家、服装设计师、音乐创作人等11类人。

行程第二天，我们去了杜塞尔多夫。我解释一下什么叫“DIAKONIE”，它是德国在杜塞尔多夫的一个教会慈善机构，为无家可归者提供日间用餐与休息、学习、交流的空间。

这个机构得到了政府的支持，特别是杜塞尔多夫行政区的支持。DIAKONIE 邀请了本土的艺术家和建筑师参与这个空间的设计，还专门为无家可归者设计了非常时尚的、与社会公益相结合的定制背包，以买一送一的模式销售，这样既让无家可归者得到一个有尊严的、高品质的背包，又让购买时尚背包的公益人很体面、很开心。

第三天我们到了汉堡，我们住的酒店非常有特色，这是一个以图书为主题的设计酒店。这个酒店邀请一些比较有名的作家，在新出版一本书之后，签名送给这家酒店，酒店每年就给这些作家提供 3 天的免费入住服务。酒店每周都有一个关于文学、诗歌等方面的沙龙，我们去体验之后觉得特别有趣，我也留了一本书送给这家酒店。次日，他们就请设计这家酒店的设计师，特地从柏林跑过来给我们讲他是如何设计这家酒店的、有趣的创意是从何而来的。

在汉堡，主办方找了一个专门提供骑自行车观光城市的服务的机构，让我们体验自行车交通模式。欧洲人倡导骑行，他们喜欢骑自行车上下班，自行车还可以上巴士和火车。这次他们让我们感受了一下骑车，然后搭乘火车，再继续骑车去下一个参观点。

接下来，我们去汉堡的芭蕾舞学院参观，这个学院在欧洲非常有名，是专业培养芭蕾舞舞者的学院。学生的年龄从 6 岁到 16 岁不等，学院对年轻的学生从基础开始培养。世界级的芭蕾舞团的演员，不少都是来这里接受培训和提高舞蹈水平的。他们还特意安排我们参观一个课程，这个课程由一位俄罗斯的老舞蹈家指导，她快 76 岁了，特别有气质，她给专业的芭蕾舞演员上课。在交流时，她主要分享芭蕾舞和音乐、剧本创作、舞台再设计，还有市场推广方面的经验。她不认为芭蕾舞都是殿堂里的表演，实际上有的票是非常便宜的，她希望普及推广芭蕾舞，让大家都来欣赏芭蕾舞的美。

接下来他们安排我们划龙舟。我们去了汉堡港快艇俱乐部，这是欧洲最老的划艇俱乐部之一。他们介绍道，现在汉堡的水上运动很流行，得益于几十年来汉堡坚持河流、运河污染治理，现在的河水十分清澈，生态环境非常好。

第四天，我们去了柏林。我们很明显地感受到，柏林像在嘉年华中一样，因为2009年是联邦德国独立60周年、柏林墙推倒20周年，他们在庆祝。我们在柏林参观的设计展览的名字叫“DMY”，就是“日-月-年”展览，展览为年轻的设计师提供展示的舞台。经过多年的努力，DMY现在已经成为欧洲的一个非常引人注目的设计展。

在柏林，我们还参观了一个废弃的航空港，这个航空港建完后还没投入使用，第二次世界大战就开始了，因此它就废弃了。现在柏林政府要把它激活，靠什么激活呢？靠文化创意产业来激活。这个航空港是所有航空港的鼻祖，这可不是我说的，是一位做航空港的大师说的。

之后我们继续参观德国的一个创意企业，这个企业的人开办的展览是关于时尚产业的，但是几年前他们刚开始开办这个展览的时候，德国政府并没有意识到它有这么大的创作力和吸引力，结果巴塞罗那跟他们签了合作协议，与这个企业合作策展。实际上，他们带动了整个欧洲时尚产业的发展，这是一个非常有影响力的项目，大家有兴趣可以去看看。

晚上，我们在柏林一个很古老的餐厅吃饭，据他们介绍，这也是外交部请客的地方，许多政治家、名流，还有演艺界的人在这里吃饭，确实是很有氛围的。

第五天，我们在柏林参观了 C. NEEON 的时尚品牌，这是一个非常小的企业，是一个时尚服装品牌，在欧洲已经很有领导地位。但是他们的工作室并不大，是由一个废弃的幼儿园改造而成的。他们跟几个创意企业一起办公，成员有作家、摄影师，他们经常一起工作，有时候又分头工作，互相交换有创意的点子。

结束了在柏林的行程后，我们来到了莱比锡。这里有一个创意产业基地，基地园区非常大，是 100 多年前的工业厂区，当时是专门做棉花种植和纺织的基地，建筑都很古老。

这个创意产业基地的特色是什么呢？它是以艺术为主的，特别多的画家、摄影师、行为艺术家、装帧艺术家在这里。很多的建筑都非常棒，我们参观了很多房子，有大有小，面积基本上为 200 ~ 300 平方米，每个月的租金在 3000 元人民币左右。

这个文化创意产业基地的人，招待我们在顶层的一个小餐厅用餐，在上面烧烤，晚上吃饭又请了莱比锡的很多艺术界、文化创意产业界的人和我们一起喝酒、聊天……

第六天，我们去莱比锡参观有历史的私宅，在那里开了一个讨论会，他们请了一位做艺术研究与出版的 70 多岁的教授给我们介绍德国的现代艺术。

我们从莱比锡到慕尼黑有 4 个小时火车的车程，主办方邀请了一位非常有名的交通工具设计师。他的企业主要是设计高速火车和磁悬浮列车的，这个企业跟中国、俄罗斯、印度、巴西有合作，设计师在火车上讲他们对未来高速火车的设计。未来，欧洲打算做平均时速为 500 千米/小时的火车。

我们在慕尼黑参观了宝马工厂。宝马企业给我们安排了专业的导游进行讲解。最关键的是，他们讲了新产品 BMW-Z4 如何在全世界同时投放，讲了他们是怎么来做这个项目的，这是个非常难得的机会，因为宝马集团的设计总监、创意总监和副总裁等都参加了讨论与交流。晚宴时，宝马的设计总监介绍说，他手下有 168 个创意人员。这 168 个人只相当于小的智慧枢纽，在他们下头的网络有上万个，分布在世界各地，为宝马企业工作。他们不是全职的，但是有什么想法，或者需要企业提供什么东西，就发布出去。宝马现在在研究未来所有可能出现的新能源车。他们根据需要，决定产品在什么时候投放、什么时候投放中国市场、什么时候投放欧洲市场。

第七天，我们乘大巴士来到在阿尔卑斯山的 Elmau，入住一个奢华的 SPA 度假酒店——Hotel Schloss Elmau。我们去的那天，保时捷汽车最新的一个产品发布会正好在这里举行，保时捷跟酒店合作，做一个最新产品的投放活动，不少保时捷汽车收藏者和爱好者都提前来到这里。

酒店最大的特色不在于奢华，而在于文化和艺术与酒店的经营理念的融合。他们每个月都会请全世界顶级的音乐家到这里演出，我们国家的钢琴表演艺术家——郎朗也到这里演出过。每个月，顶级的音乐家在这里演出，他们的一些跟随者会从世界各地飞来，入住酒店，欣赏音乐会。这个酒店有个特色，有三个音乐厅，其中一个是专门的爵士音乐厅。

这个酒店除有音乐厅外，还有三个小图书馆、三种SPA。酒店负责人介绍，他们设计房间的理念，是让来这里度假的人融入自然，因为户外的景色太好了。

第八天，我们来到了瑞士的圣加仑，参观瑞士顶级的布艺设计企业，它也是顶级的服装设计企业。该企业表示，其产品设计越来越跟建筑有关，很多不同季节的服装的创意，就来源于建筑。

我们从圣加仑来到苏黎世，在苏黎世开会的地方很有意思，是在很传统的花园里。我们15个人是从世界各地来的，他们又邀请了瑞士的一些做文化创意产业的人，方方面面的都有，有文学、音乐、设计领域的人，还有小企业经营者。大家一起讨论文化创意产业在未来有怎样的发展机会。我们分成A、B两个小组进行讨论。我印象特别深的是，瑞士有很多的创意、设计、建筑设计企业，它们规模非常小，但是能量非常大，服务的客户都是世界上顶级的企业。

第九天，我们在苏黎世参观了 Freitag 的总部。Freitag 创意环保袋，已经是瑞士文化创意时尚品牌的国家级标签。设计师 Markus 和 Daniel 兄弟是这个品牌的创始人，他们陪同我们参观了工厂，并在工厂里开了一个简短的交流会。

Freitag 是从几个人的小作坊慢慢发展成大的创意企业的，现在已经有 100 名员工了，在瑞士算是规模比较大的企业。Freitag 是一个充满了创意和故事的品牌，已经多次代表瑞士官方参加了多个国际设计和文化创意类展览。

我们下午参观了艺术巴塞尔（ART BASEL）的艺术博览会，主办方请了艺术博物馆的馆长作为导赏专家。他是一个很风趣的人，给我们介绍了几个最有代表性的艺术画廊，还有几位艺术家。

我给大家举一个例子，大家就知道艺术巴塞尔有多么受世界艺术界的关注了。开幕的时候，机场停了大约 200 架私人飞机，世界上顶级的艺术收藏家一定会来参加这个艺术博览会。艺术博览会不是展出艺术家个人作品的，艺术家一定要以画廊的名义被邀参展，只有画廊足够有名了，艺术巴塞尔才邀请艺术家来参展。所以，很多画廊都以能被邀请参加艺术巴塞尔为荣耀。

接下来，我们去参观了知名品牌 VITRA 的园区，其第二代掌门人和 CEO、创意总监都来参加见面会。VITRA 作为一个家具品牌已经有

80 年的历史。这个园区是很多做建筑设计和产品设计的人要去朝拜的地方，因为园区的很多建筑都是由大师操刀设计的。我觉得最值得我们深思的是，到底是建筑师成就了 VITRA，还是 VITRA 成就了建筑师？VITRA 的厂房是现在最知名的建筑师设计的，博物馆也是最知名的建筑师设计的。

第十天，我们在一个公园里听瑞士馆的设计团队给我们介绍他们中标的世博会瑞士馆的设计与创意，他们在设计中融合了不少互联网互动技术，作品有很强烈的未来感。

我们最后参观的是一个知名的瑞士产品设计师工作室，工作室有 6 个人，创始人 Alfredo 在阿根廷布宜诺斯艾利斯出生，但是很小的时候就跟父母移民到瑞士，长得特别英俊。他服务的客户都是一些顶级的奢侈品品牌，设计的产品从很小的酒杯，到很大的火车车厢，什么都有。其实他们的灵感都来自生活、来自钻研、来自对这份工作的热爱，他们有很强的服务精神，为客户提供最优质的、物有所值的设计与服务。

德国杜塞尔多夫的 DIAKONIE 这个项目，虽然是一个福利机构的项目，但实际上是用艺术跟设计来激发、唤醒无家可归的人重新热爱生命、重新融入社会。

这个项目推出的袋子是用来干什么的呢？无家可归的人在外头流浪的时候，要背一个袋子，袋子里必须装什么东西？艺术家和设计师经过反复对比研究，最后设计与制作出很时尚，而且品质高的袋子，这个袋子在德国已经是一个非常时尚的、充满爱心的知名产品了。消费者花钱买这么一个袋子，慈善机构将另外一个袋子以消费者的名义资助给一位无家可归的人，所有的收入会重新被纳入这个慈善机构。这个袋子真的不便宜，我记得当时说的价格，是在 1000 元人民币左右。

接下来我们参观了 DIAKONIE CAMPUS，这个社区已经很破败了，是贫穷的人居住的地方。设计者规划建立了现代的教堂，可以举办小型的音乐会。教堂是社区的精神中心，走在街上的人可以看到教堂里发生的事情，也可以自己走近看。

以前这里很破败，大家不愿意去，规划了之后，文化创意产业的机构都被安排到这里，旁边就是老年人护理公寓，让那些没有办法照顾自己的老人来申请入住，然后派护士护理他们。

社区里还有改造的 DIAKONIE 办公楼，让年轻人跟年老的人混合在一起，把很多时尚的东西注入进来之后，公共设施也得到升级。这里的餐厅也非常好，椅子是大师的作品。在后花园里我们会发现那些苗圃是专门为老年人设计的花池，适合他们做一些劳作，他们不用弯腰，可以很轻松地种自己的花草。越来越多的市民慢慢被吸引过来，因为这里的商店和餐厅的商品价格很实惠，品质也好。经过一段时间的运营，这里取得了很不错的旧城区改造效果。

我想介绍一下德国汉堡的港口改造项目。他们这个项目计划用 30 年完成，作为欧洲未来港口城市复兴的一个典范。汉堡以前是个港口城市，也是一个正在败落的工业城市。那么他们通过什么方式改造？如何把居住、娱乐、工作、购物等混合在一个可以步行的区域内？控制好密度是关键，那么，能可持续发展的建筑是怎么做的呢？

我们参观了一个典型的汉堡港的建筑，是做仓储用的。这是一个体量巨大的建筑，它建完之后，里头包括什么呢？包括剧院、博物馆、展览中心、办公楼、居住区，各种功能全都融合在里面，把工作、生活的半径减到最小。这个项目已经开始进行了。

周志辉　接下来是互动时间。在互动之前，我谈一下对关鸣老师介绍的文化创意产业之旅的想法，我获得的启发很多，主要有 3 个方面：

第一，国外的文化创意产业是不同专业的人跨界合作，通过跨界合作互相启发思考的，产生更多创意和灵感，不同的人跨界合作和交流，不管是搞音乐的，还是搞艺术的，还是搞工业品设计的。跨界合作给大家带来了活力和生命力。

第二，瑞士的文化创意产业，创意更多来源于生活，也服务于生活。不管是创意还是艺术，都要服务于生活本身。这是欧洲的文化创意产业，特别是瑞士和德国的文化创意产业给我的最好启发。

第三，国外的文化创意产业，对社会的关照、对环境保护的关照、对科技的利用是很多的。

孙骅声 2009年年初，我参加了李嘉诚基金会的中层干部培训班，培训班请了两位英国的客人，一个是首相办公室的秘书，另一个是在英国专门负责文化创意产业的。我有幸亲耳听到这两个英国人讲他们国家的文化创意产业。

讲课的内容，我简单地概括一下：

英国为什么提文化创意产业？英国人说："我们英国以后怎么办？拿什么东西跟世界强国竞争？我们英伦三岛会不会被一些国家给比下去？"人家是站在这个高度，站在国家的前途角度来考虑文化创意产业的。

英国人怎么做？非常简单——人人动手。怎么"人人动手"呢？首先是宣传，有各种各样的行业协会，有很多的NGO组织。

比如你给一支钢笔加入创意，我是这个行业的秘书，你有了创意之后，到我这挂号，我是不分你的创意成熟不成熟，或行不行的。你来挂号我就必须给你登记，登记完以后我请两位行家对你的创意作品进行评价。不是说这个东西好，咱们就进入产业了；不好的话，就请出去了。

这么一支钢笔，只要你有创意，有意思，哪怕还有点不足，只要你把你的想法告诉行家，行家就会给你建议，促成你这个创意，人家是这么做的。等到做成熟了，就可以到政府申请。这时英国政府会有一系列的政策和具体的措施，来鼓励你将这个创意变成产业。

我归纳一下英国的创意产业给我的启发：

第一，不怕小、不怕简单，只求有实效。所谓的实效，有这么几个要求：要方便；要简约，贴金带银的是不行的；要有艺术性；要人性化。所以，英国人认为方便、简约、艺术性、人性化，是最重要的。

第二，为什么一个创新的东西，能够在这个国家、这个民族里出现？我觉得跟这个民族、这个国家的传统、特点、潜力有关。说到这里，我就觉得我们中国的、深圳的文化创意产业要想一想我们的潜力在哪里，落实到每一个人，因为每个人都有不同的潜力，这个潜力被挖掘出来，文化创意就有希望了。

第三，一定的机制、一定的政府行为对使创意变为产业是非常关键的。

要把文化创意的东西变成产业，可不是那么简单的，需要很多的组织手段。一个是民间、一个是政府，通通调动起来，这个实际上也需要潜力。民间的潜力不调动，什么东西都指望政府，也做不成事；反过来也一样，民间都调动起来了，政府政策不出，鼓励也不出，那也成不了事。

英国这个国家，在历史上就是做海外的生意，所以它有些文化创意产业一旦成了气候，政府马上出面推向海外。

南　洁　我关心两个问题，想请教一下关鸣老师。

第一，瑞士和德国是如何让文化创意产业真正成为促进经济发展的一个产业链的？

第二，我们的企业在发展过程中，涉及大量的法律问题，知识产权相关保护法起到什么样的推动作用？您对文化创意产业法律保护方面有什么调查和研究？

关　鸣　我只能谈谈自己的看法和思考，您讲的这两个问题我也确实想过。

第一，文化创意产业如何让一个可能很普通的东西慢慢走向市场，变成一个产品？其实这是一个很关键的问题。我们搞文化创意产业，更多的是为了一种时髦，我们不搞这个，可能会被认为非常落后。

经过这次旅程，我最大的体会是，国外有好多的平台，其中最大的平台是政府。政府在文化创意产业里扮演着非常重要的角色。如果政府缺少决策力度，是做不成文化创意产业的。我觉得他们的政府决策力是非常强的。

这两个国家对文化创意产业的支持分了好多级别，比如政府级别，然后是下一级，接下来是各种协会、各种机构，创造了很多个平台，让不同层次、不同阶段的产品都有成功的机会。

德国的设计师协会和法兰克福展览企业，在10年前就开始做不同平台。他们有个资助计划，资助大学生把有创意的东西推到市场上，有非常清晰的战略。那谁去做呢？就是展览企业来做，他们有全球的资源，设计师协会也加入，把有创意的东西加进来，设置了好多奖项，这是一个系列的工程，不是说哪一个媒体、哪一个协会突然想到了一个点子就把它做出来了，那只是孤零零的一个，不能形成市场。

大家都知道现在经济环境低迷，比如在瑞士和德国，就十分明显。它们的经济在很大的程度上是靠创意产业来拉动的，这些是有数据来支持的。

比如德国，2006年的时候，文化创意产业产值排在GDP的第三位，第一位是信息产业，第二位是汽车产业。2008年，统计的数据是，创意产业已经居第二位了。

他们分析的结果是，最终创造产值的企业，大企业很少，反而微型企业、小型企业、中型企业占很大比例，这全是有数据分析的。微型企业可能就几个人，但是几个人可以带动很新的东西，形成品牌，让自己的很多创意变成产品。

如何将文化创意产品成功推向市场？我觉得跟不同层次的推广计划有关。比如对中国有一套推广策略，对欧洲各国、对美国都有不同的策略。对于企业来讲，作为小企业，它们也有策略。

第二，知识产权在欧洲很受重视，如果没有知识产权，任何事情都不用谈了。创意其实就是脑子里的东西。我跟建筑师、设计师打交道比较多，如果他们花了很多时间做一个东西出来，一卖，市场上都有了，而他们花了很多时间、财力，不能得到应有的回报，那么他们就没有动力继续再研究下去了。

我们这次在莱比锡的私人房子里座谈，一个教授就讲到知识产权保护，他们本身的系统比较完善，但是如何应对亚洲市场，令他们感到非常头痛。

现在他们机构的策略，就是开始主动跟亚洲市场合作，他们出想法，亚洲企业来加工、做市场，采取这种合作方式。

谷晓劲 深圳要学习国外的经验，政府一定要参与，千万别小看政府的作用。柏林政府有一个庞大的办公室，下面有两个处专门管这些，工作人员一天到晚忙得焦头烂额。

柏林在时装上可能比不上巴黎，但是它的发展速度令人吃惊。柏林原来是非常大的商业中心，但是第二次世界大战以后基本夷为平地。20 世纪 60 年代初，“柏林墙”从原来的商业中心变为荒芜的地方，因为那个地方是冷战的最前沿，到了 20 世纪 90 年代“柏林墙”被推倒了。就是这么一个城市，它的工业已经没有了，GDP 比不上汉堡和慕尼黑，在德国主要城市里是倒数第一。

但是最近十几年，他们把全力放在设计上，有很多空置的房子，都用来做设计。

我感受很深的是，在柏林最繁华的商业区，有个奢侈品商店，巴黎也有这样的商店，但是柏林的规模不比巴黎的小。商店最大的地方是二楼，但是他们把这个黄金区域拿出来一大块提供给设计师，每年有 3 个设计师在这里免费展出作品。这些设计师都是大学毕业生，或在校生，学服装设计专业。商场的要求是，你的产品放在这里展示，如果作品卖出去了，你拿利润的 70%。他们现在已经做了 5 年，当年的那些设计师，现在都成了世界知名的设计师了。

我还有一个深切的感受，就是民众对创意的热爱。他们的设计展览比我们深圳的文博会场地破烂得多，就是在破破烂烂的旧房子里举办，门票是 8 欧元，学生票 6 欧元。他们早上 9 点开始展览，布展还没有完毕，当晚就开幕了，开幕式很简短。6 月初，下着雨，很冷，有的人穿着羽绒服来，排很长的队，一眼看不到头，在深圳是绝对看不到这样的景象的。

他们贴“牛皮癣”也很有创意，而且贴的地方也胆大，连交通灯上都敢贴，但是“牛皮癣”都设计得非常有创意，如果是没有设计的东西，他们都不好意思贴。

我还有一个感觉，就是他们的创意都是一起做的。我们深圳也有这样的协会，但是会员在一起做东西的机会很少。柏林设计师的设计全是在一起做的，他们在一起会有更多的创意，平面设计也好、工业设计也好，他们老喜欢在一起做。

关　鸣　你讲的设计师扎堆，是互补性扎堆。我在柏林参观的时候，参观了一个做时尚品牌的企业，那么谁在跟他们一起工作呢？有做设计、做广告创意的，也有写文案的，实际上他们是互补的，没有竞争关系。

我们去的时候，他们正在帮政府做一个项目，研究什么呢？研究新建好的大楼对社区的影响。他们为了做这个项目请了不同领域的专家，比如心理学、社会学的，钱是政府给的，政府支持他们来做这件事。

我们的世界

老工业区的复兴

——以德国和美国底特律为例

第126期银湖沙龙

主讲嘉宾： 曾　真　综合开发研究院（中国·深圳）城市化研究所执行所长

李津逵　综合开发研究院（中国·深圳）理事、资深研究员，中国市长协会顾问

主 持 人： 吴文媛　深圳市雅克兰德设计有限公司设计总监

吴文媛　今天我们的主题是老工业区的复兴。新中国成立时，大量引进和新建工业园区，此时许多其他国家正经历着轰轰烈烈的去工业化，好多地方一夜之间工厂就没有了，而这些工业园区该怎么办？

纵观整个近代史，有两件事情有很强的关联性，就是工业化和城市化。工业化集聚人口，形成土地的集聚、建筑的集聚，然后形成城市。通过工业化的建设来拉动城市化，这是中国用得很熟练的一招。

但是今天，工业居然可以消失。战争年代，社会对工业的需求，尤其是对军工的需求暴涨，在那个时期，这种工业园区最早出现在德国。

战争之后，这些园区和它周边的城区迅速活化。我们很想知道这样的园区是怎样活化的？因为不可能再有像战争时那样的需求了，那么，和平时期对于这些工业园区来说，意味着什么？

曾　真　我们一群人到德国，走了近半个月的时间。这一次我们的成员是来自全国各地的人，有景观设计专业、规划专业的，还有一些工程专业的，算是比较另类的一支队伍。这趟旅程走下来，我们感受很多。

第一个感受，是环境的差异。我们到美国、到澳大利亚，都有一个感觉，就是这些地方的环境，和目前的中国还有一定的差异。

第二个感受，就是两个字：理性。这个词一是体现在人的行为方式上，二是体现在城市建设上。哪怕只是一张简单的桌子、一个简单的扶手，都能看得出精致、精密的设计。

上述两个基本的感受是我在整个行程中印象最深刻的。

我们知道，德国国土面积不大，也就约36万平方公里，约等于2个广东省的面积。这半个月走下来，我们是可以把这个国家走完的，但是我们没有这么走。我们是从西北部杜塞尔多夫这个地方开始的，最后走到慕尼黑就回来了。德国东部很多地方，像柏林，我们就没去，最北边的地方我们也没有去过。在整个行程中，我们的目的性比较强，有当地的专家跟我们做一些专业分享，这些专家有研究建筑的，也有研究景观设计的。

在整个行程中，我们经过了这么几个城市：

第一个是西北部的城市杜塞尔多夫，是德国工业化开始比较早的，是第二次世界大战时军工生产比较密集的地区，也是遭轰炸比较严重的一个城市。这个城市不大，人口也不多，但是这个城市很有趣。无论是在城市里，还是在高速公路上，我们几乎看不见超车的人，大家都非常守规矩。

第二个是科隆。我们的整个行程是沿着莱茵河的，从北边向南边走，最后到慕尼黑。因为我们知道莱茵河周边多山路，这个河上是没有桥的。为什么这上面没有桥呢？很简单，就是为了把莱茵河最美好的风光留给国人，这就是他们的城市规划理念。

我们看到，莱茵河两岸原有的工业化时期建的铁路线，在今天依然还在被使用。在莱茵河的游船上，我们看见在河的东侧和西侧都有铁路线，而且既有做货运的，也有做客运的。铁路是沿着河边铺设的，原来的景象依然被保留着。

这个地方有一条被保存下来的铁路线，他们提出要把这条铁路线拆掉，这是他们的目标，因为把这条铁路线拆掉后，就可以在这里还原最好的江景。

有人提议，未来，这条铁路线拆掉之后，可以改建一条城际干线。这个思路得到了铁路部门的响应。

从产业布局上来看，德国有五大工业区。

第一个在柏林，叫东部工业区。第二个是北部工业区，靠近北海。第三个是东南部工业区，在慕尼黑，这里有重量级的企业，宝马总部就在这里。第四个是西南部工业区，这里是奔驰的总部，还是保时捷的总部。第五个是西部工业区，即我们所说的鲁尔。鲁尔这样的工业区的布局，跟英美国家的工业区布局可能会有些区别。

鲁尔在德国的北威州里，这里为什么叫鲁尔区？大概是因为这里是沿着鲁尔河布局的一个工业地带，面积是 4000 多平方公里，这里显然不符合一个工业园区的概念，应该是一个工业地带，我认为这里应该叫工业地带园。北威州大概占地 3.7 万平方公里，而它占地 4000 多平方公里，仅比前者的 10%多一点。

20 世纪 70 年代的德国，工业需求的下降带来了一些大问题，从生态、失业率几个指标都可以看出当时的问题是很严重的。

如今，中国的珠三角基本上也开始进入这样的时段，也开始面临这样的问题，外国的工业区改造经验，对我们是很有借鉴意义的。

杜塞尔多夫是一个重要的工业地带城市。这个独立城市，也是北威州的州府所在地。这个城市的人口很少、密度很低，大概不到60万人，面积相当于海淀区的一半。当地人告诉我们，这是一个友好型城市。我们一进去，第一个注意到的就是莱茵河，第二个是里面的教堂，第三个是裸露在外面的酒店电梯。建筑的整个外墙结构也很有意思。轨道线、公共交通都在这里汇集。

我们重点考察的地方是一个老港区，面积不大。这个项目跟我们国内的项目不在一个数量级上，不是一个体量级别的。在中国深圳的相关人员看来，杜塞尔多夫的这个项目是一个很小的项目，占地0.8平方公里，像一个港湾，又像一个码头。

德国人在这里做了什么事呢？他们对于这个区0.8平方公里的土地分了四期进行改造。

第一期，他们做了一件很容易被我们忽略的事——保护遗产。

第二期，他们以媒体港作为一个核心功能区，开始进行改造。

更有意思的是后面两期。第三期是商业改造，目前还没有动工。为什么没动工呢？是由于工业区旁边有啤酒厂，现在还在进行啤酒生产，啤酒厂的未来规划还没有定下来。

第四期，他们已经规划了十几年了，目前还没有想好。

他们告诉我们：“中国的建设速度很快。按照我们的速度，把四期都完成可能需要100年。”我们都笑了。在中国，改造这么大的地方最多也就需要5年时间。

他们对于新旧设施搭配得很好，以前做的设施都保留了，像水道等，都保留了下来，还有运输用的轨道线，全部都留下来了，我们看得一清二楚。

这里还有一栋楼，叫电塔管理中心，这个建筑是100年前建的。我们走进去参观这个地方，感觉这里的氛围很亲切。

在这里的建筑中，我们还看到了西德光电中心，在西德光电中心的外面有一大片公园，设施材料用的是柏林墙拆了之后剩下的石材。

这里面还有一个特别有意思的建筑，是“城市之门”。这个建筑是市府和州府的办公大楼，造型特别好。

有两件特别值得一提的事，一是，他们在这里建造大型的公共建筑，把繁忙的交通线路都植入了地下。二是，这里的绿色节能设施建设非常好，大楼里没有空调，所有的降温设施都来源于地下，所有的地面都是通过幕墙开启的，地下水可以渗透到每层楼板，每层楼可自然通风。

媒体港现在有821家企业入驻，大概的结构是这样的：比例最高的是法律税务服务企业，媒体、广告企业大约占了13%。

服务业和文化产业应该是港区改造最核心的两个建设点。港区的竞争力是什么呢？就是低成本。媒体港办公区平均月租金是 17 欧元，而柏林是 19 欧元。

我们考察的第二个地点是一个旧钢厂，这个旧钢厂挺大的，占地 2.3 平方公里。

鲁尔区选了 24 个城市，在每一个城市建一个聚集型公园。

鲁尔区在鼎盛时期，工业产值占德国工业总产值的 40%。据了解，今天鲁尔区保留下来的工业区域只占 5%，95%的企业都跑掉了，其中很多都跑到中国去了。由此我产生了一个结论，不知道大家有没有同感？就是我们的招商引资水平高于德国。

我们还参观了北杜伊斯公园，这里自行车道与小汽车道相连，便于人们出行。原工业废弃物、工业设施被尽量再利用。他们对垃圾做了景观化处理。

他们邀请了英国、法国、德国等国的专家参与规划设计，对每个项目提出 5 套不同的方案，每个方案经过初步选择以后，他们再对每个项目进行效应模拟。

在这里，我们可以看到德国人对工业遗产的保护性使用，这是非常重要的。一个钢厂，被改造成整个区域里的商业中心。还有一个旧厂，被改造成了房地产企业的总部。

这里老建筑连着新建筑。老建筑和新建筑的融合，是改造的一个亮点。

德国政府把莱茵河的防洪功能跟改造结合起来，整个外岛长达1.6公里的地下空间，既是停车场，又是滞洪区。原来的废旧码头区，如今变成了市民休闲活动的一个场所。除了周边的大广场，这个码头区应该也是很聚人气的一个地方。大家晚上跑步、散步都在这个地方。在这个城市到处都能看到人们在做各种各样的活动，而不是死气沉沉的。

还有一个亮点是社区的改造。但我要强调的是，这个模式在我们国内可能不太合适。我们重点要学习的是什么呢？是德国在整个建设项目中，对于不同利益相关方的调动。公共参与在社区建设中体现得非常明显。

我们参观了弗莱堡市的一个社区，叫沃邦社区。现在，有两个概念在欧洲特别受推崇。一是环境之都，二是太阳能之都。沃邦社区曾经是一个军营。后来，城市化发展、城市人口增加，再加上旁边的大学城发展，都对住宅有需求，所以德国在20世纪90年代中期对这里进行规划，将其打造成“太阳能之都”。

该市规划部门设立了多层次、多领域代表组成的“咨询协会”。这个协会组织公众参与“研讨会”，参与者是“购房的意愿者”。协会“控制参与者范围、结构，了解其真实需求”。规划过程历时3年，40多家机构参与了方案设计。

我们参观了一个小区，这个小区里每户只能拥有一辆小轿车。“公租车”的兴起，导致社区内划定了“红区”“绿区”。在“红区”里，一户有一个车位，一个车位价值 5 万欧元。居民愿意住在“红区”，就按照“红区”的规定交钱。如果不想，那他就住在“绿区”。“绿区”是没有车位的。这样的划分，根据自愿的原则把人群进行整合和分配。这样做的结果是什么呢？是这个小区的私家车的保有量比弗莱堡整体水平还要低。弗莱堡私家车保有量是 35 辆，这个小区是 16 辆，这对改善交通的作用立竿见影。

此外，居民先选择在“红区”或“绿区”居住，选完之后，每 10 户人家可构成一个“共同体”，每个“共同体”可以自请设计师设计房屋。

规划者还致力于修复水生态系统，推广“分布式”能源。他们是怎么做的呢？在矿区复原的过程中，他们在很多房屋的前后，用石头来调节水的沉降，打造“海绵城市”。

达拉萨姆河现在已经很清澈了，900 多米长的河经过修复，生态已经很好了。整个河道变成了一个休闲区，大人带着孩子在这里戏水。

我们国内的一些人做这种景观的时候，特别喜欢做一个喷泉，仅仅是一个水池子。怎样把孩子的天性跟我们的景观结合起来？这值得我们思考。德国给我们提供了一些很好的例子。

有关人员给我们介绍社区建设情况时，也提到了雨水的收集利用。在雨量特别大的时候，雨水在这个地方形成地下渗漏池。这个国家90%的用水都依靠地下水，这个比例似乎太高了，但是他们的确是这样做的。

随后，我们专门参观了一个厂，这个厂就是做渗水台的。这个厂不大，是一个中小企业，有三四十个员工。

企业的员工说，雨水落到地面之后，有7%可以蒸发到空气中，9%~23%经地表蒸发，70%~84%真正进入地表以下。进入地表以下的水，50%~64%可以进入地下水系统。

太阳能在弗莱堡被使用得非常普遍，而且设计师做了一个欧洲的示范工程，在里面做了面积达50平方米的太阳能板，房屋可以随着太阳的朝向旋转，保证最大采光量。

在农村，包括高速公路两边，我们都可以看见很多用太阳能作为能源的设施。

我想提这么几个问题，供大家探讨。

第一，工业地带的振兴，是被动的，还是主动的？

第二，德国码头区转型得很好，但是为什么很多很好的房子里却没有人？

一个项目的运作成本要实现平衡，从经济发展的角度而言，要看其是不是有产出。环境和繁荣的关系，是不是也值得我们讨论？

有一点可以肯定，对老建筑，对历史文化的保护、保留，以及对这些区域的有机更新，是值得我们在转型和城市发展中更多关注的。

第三，在生态理念、低碳意识、对“水”的珍视方面，我们跟德国是否还有一定的差距？

第四，珍重遗产、捍卫文化，在整个转型中应该怎样落到实处？怎样把遗产变成方案中值得炫耀的一面、实实在在发挥功能？

吴文媛 在第二次世界大战中，德国是战败国，之后，德国是靠什么站起来的？

第二次世界大战以后，工业在全球呈现出了一种崭新的形态。全球化、战争打开了国门，也建立了国家间的很多关系，出现了全球化工业这样一个产业。我们自己做过研究，发现在工业化之后，集中型的工业每25年发生一次大面积转移。

正好，李津逵老师去了美国的底特律，我们顺着曾所的思路，再看一下第二次世界大战之后，新兴工业城市中发展速度最快、产业结构最清晰、主导产业最快实现工业化和城市化的片区。这些片区实际上是美国历史上人口暴跌、犯罪率颇高的地区。现在它们的复兴情况是怎样的呢？

李津逵 我一直想去底特律，这是一座典型的工业化带动城市化的城市。在20世纪，它的人口变化像坐过山车一样，在经历了迅速的膨胀之后迅速衰减。这是什么原因造成的？它的发展对于当代中国的城市化进程有什么借鉴意义？

这次我去华盛顿大学开会，在会议上，我问，谁认识底特律的朋友？我想会后去底特律看一看。会议的组织者说，你可以去底特律找一个叫米兰的人。果然，我到了底特律之后，米兰给了我很大的帮助。他是底特律中华商会的会长，是一个美国人。

我们可以在电视上看到底特律的破败景象，到了底特律之后我就发现，这个城市太不会掩饰自己了，破败之处就摆在那里。一幢破败的建筑后面，可能就是一个很有名的景点。

当然，底特律也有高端的地方，例如，有一家企业家俱乐部的门童，因为我们穿的是牛仔裤，婉言谢绝了我们入内参观的请求。

在同一座城市、同一片市中心，酷炫、摩登与衰落破败的场景移步换景。全球顶级的豪华建筑、失修的危房错落分布，让人怀疑是不是身处同一座城市里。

在底特律，已经有很多老城区开始做创意化改造，图 1-1 是一个创意街的入口的景象。

图 1-1 创意街入口街景

这是一座富有艺术气质的城市，街头处处是景观小品，雕塑艺术水平非常高。刚刚经历了财政破产的城市，路边的鲜花绿草堪比首都华盛顿，令人钦佩。这里治安也很好，我走过一条条街道，大型购物中心把街道覆盖了，我感觉是在“逛楼”，而不是逛街。

图 1-2 是滨河公园的一角，公园里有很多雕塑。这里在 10 年前、20 年前或者 40 年前建起的一些非常富有艺术气质的大楼，如今都是人去楼空，但里面金碧辉煌，因为底特律曾经是全美最美的城市之一。有些金属门上的镀金已经剥落了。

图 1-2　河滨公园一角

这里的雕塑让人感到这是艺术氛围非常浓厚的一个城市。

并且，这是一个有贵族气质的城市。在底特律，有一个博物馆，叫福特博物馆，这个博物馆里有大工业时代全世界的收藏。底特律的汽车是它的主题，18 世纪单动式的蒸汽机和 19 世纪初美国蒸汽轮船上的透平机都在这里。福特博物馆里珍藏着老罗斯福的马车，还有杜鲁门、肯尼迪、里根的专用汽车，以及 1825 年利物浦至曼彻斯特铁路运营时，获得冠军的斯蒂芬森制造的“火箭号”机车。

图 1-3 是展现当时宴会场景的画。画中人不是画家随便画的，画的下面有一个位置示意，把所有人都标上了号，最后一个人叫亨利·

福特。我们感到很奇怪，亨利·福特这么低调？我就问旁边的一位老人，他解释说那不是亨利·福特本人，是亨利·福特二世，即老亨利·福特的孙子。站在主席台致辞的是爱迪生，老亨利·福特坐在他旁边，他儿子坐在后排，孙子坐在最后一排。一个参观博物馆的普通老人对自己城市工业时代的名人如此了解，透出一种自豪感。

图 1-3 宴会画像

有一种现象，叫城市中心区衰落，这在美国挺普遍。我在想，为什么呢？或许是因为，人们需要一种什么样的生活方式，对每一代人而言答案是不一样的。可能父辈、祖辈希望在一个拥挤的地方生活，离工作岗位更近，挣钱更方便。而到儿子这一代，他考虑的可能就不是挣钱更方便了，因为他已经能挣到钱，又有了汽车，他就希望居住的条件更好。

什么是理想的城市？可能每一代人的想法都不同。

城市中心区衰落是百年来的趋势，每个时代的人有自己时代的梦想。郊区独栋别墅和私人汽车是当时的美国人的“美国梦”。奥姆斯特德讲过，独栋别墅是“一个强调家庭而非工作，强调和谐而非高效的居住环境”。

当“90后”“00后”变成消费主导人群的时候，中国城市会变成什么样？不是我们喜欢什么样的城市，我们的孩子就会喜欢什么样的城市的。

美国城市的郊区化，至少可追溯到19世纪末。人们在市中心上班、在郊区居住的趋势初显。底特律是美国建设第一条水泥道路和第一条高速公路的地方，这些设施助推了白人居民郊区化和非裔居民向市中心聚集。

在郊区化的背景下，伴随着制造业的转移，城市中心区的人都往郊区走。制造业转移减少了就业岗位，失业率提高，市区人口进一步流失。整车厂在底特律创造的工作机会，从20世纪50年代的29万个下降至2011年的2.7万个，汽车三巨头早已撤离底特律。通用被要求将总部留在底特律，剩下大约3000名员工，只生产增程式电动车沃蓝达。克莱斯勒的总部在底特律城郊，主要生产吉普大切诺基。底特律大量的就业人口转到了郊区，转到了其他城市，转到了美国南方。

我要为大家厘清一下底特律这个概念。其实，美国有两个底特律。一个是“底特律市”（City of Detroit），目前有 75 万人（80%以上为黑人）居住，面积为 370 平方公里，所谓只值一双鞋子钱的房子都在这里。

另一个是有 430 万人居住、面积超过 1 万平方公里的“大底特律区”（Metro Detroit），包括 11 个县、数百个中小城镇组成的区域。

底特律市 1900 年人口为 200 万，1950 人口为 180 万，2000 年人口为 100 万，如今为 75 万。可以想象，这个城市如今到处都显得空荡荡的。

底特律跟我们中国的城市有什么不同？

底特律并不是省会，密歇根州的州府距底特律有 2 小时车程。四大会计师事务所在底特律，但是如 Howard&Howard 这样的律师事务所则在距底特律 15 分钟车程的 Royaloak 镇，不少大企业已将总部搬离底特律，分布在安娜堡（那里不仅有密歇根大学，还有首个无人驾驶城市 Mcity）、Southfield 等地。美国的行政中心并不一定是最大的城市。

底特律的破产不是我们想象中的倾家荡产、整个城市啥都没了，它更像是一个管家由于管理不当，申请离职，然后进行债务重组。但政府还在运作，不会出现无政府现象。美国曾有 61 个县市申请过财政破产，比如匹茨堡、克利夫兰。破产终止了财政的恶性循环，债务重组为产业转型、城市复兴赢得了空间。

破产是州长做出的决定，施奈德州长说这是解决长达 60 年的螺旋式经济危机的最后一个办法。而做出这个决定的时候，大底特律区的 GDP 正从 2009 年的谷底开始增长，州长这个时候做出了破产的决定，这也说明底特律市与大底特律区不是一回事。

底特律债务规模最高峰曾经达到 180 亿美元，其中无担保债务为 115 亿美元，华尔街金融机构所持市政债券和需要支付给底特律民众的养老、医疗福利各占一半。债务重组后，底特律市财政削减了 70 亿美元的未担保债务，优先偿付市政债以保证未来的市政融资，这意味着养老金遭到削减。密歇根州宪法规定养老金权益神圣不可侵犯，联邦法律则规定在城市破产的情况下，养老金存在被削减的风险。因此，这种做法引发了居民的游行抗议。

2014 年年底，经过 1 年半的法庭程序，底特律终于结束破产。紧急管理人凯文·奥尔将权力逐渐让给新一任民选市长迈克·达根。

对于底特律的破产，我有几个感受。

第一个感受："城市更新拉升本地税负"。

一般而言，分析者会讲到底特律产业单一造成的财政风险，这当然是对的。然而，我这一次实地观察，感受更强烈的是一种美国城市中心衰落的机制。这是一个什么样的机制呢？我把它叫作"城市更新拉升本地税负”机制。为什么是本地税负？美国的城市地方政府所依靠的财政主要来自地方的物业税。每个地方财政的钱，就靠本地居住者的物业来纳税。这种情况下，当一个城市人口外流的时候，税负就加在越来越少的留下来的人身上。这可能就是理解底特律问题的关键。

在以往的半个多世纪里，底特律市政府没有在产业上做什么事情，没有在增加人口上做什么事情，主要是通过举债开展城市更新。数十年来，底特律的复兴策略偏重大兴土木，政府以举债融资在市中心建设了棒球场、曲棍球场、旅游观光轻轨、滨河景观带（如图 1-4 至 1-7），希望市中心重新成为吸引在郊区居住的人们光顾的地方，在 20 世纪 90 年代末更是兴建了 3 个大型的赌场，24 小时营业。

图 1-4　棒球场中的雕塑

图 1-5　滨河公园里的漂亮建筑

图 1-6　滨河公园里举办的一场演唱会

图 1-7　“人民轻轨”一角

“人民轻轨”就是图 1-7 所示的这样的一个轨道，大家看这个轨道有什么问题？两边的建筑有什么问题？在这个轨道两侧建筑密度很低，政府拆了很多房子。看这个轨道我们会发现，首先，它的转弯半径非常短，其次，它是一个单向的轨道。单向轨道对于城市市民的通勤来说基本上就没什么用了。我向着这个方向坐两站，下班的时候再绕大半圈才可以回来。因此，这是一个观光的轨道，对市民没有什么用处。而观光轨道只有两节车厢，这个车厢里面常常没有人。1 张票 75 美分，政府要补贴 4 美元。而里面没有乘客的时候，政府要补贴 4.75 美元乘以它的乘客容量。显然，这个“人民轻轨”对于当地经济实在没有起到什么复兴作用。

第二个感受：公平正义的前提是力量均衡。

我自己理解的公平正义是无条件的，到了底特律之后我才感觉到，公平正义的前提是力量均衡。

大家看，图 1-8 是滨河公园的雕塑，雕塑上的文字完全符合我们的理念。比如“Collective Bargaining!”（集体谈判!）“End racism!”（反对种族歧视!）“Freedom!”（自由!）“Equality!”（平等!）“Solidarity for ever!”（团结到永远!）“I have a dream!”（我有一个梦想!）而“团结到永远”这首歌是我在 20 世纪 70 年代上大学时学的第一首英文歌。

图 1-8　滨河公园的雕塑

美国的工人运动的历史源于芝加哥，在底特律曾经表现得最为激烈。曾经的资方运用过“保卫团”、打手、坐探、机枪。钢厂宁可让

2 万工人残疾也不花钱改进设备。底特律工人、店员每小时的工资为 1 角、5 分。1908 年，通用汽车公司成立以后，曾爆发“弗林特静坐”工人罢工。1933 年，《全国工业复兴法》规定，劳工有同企业主签订集体合同的权利，该法中有关于最低工资和最高工时的规定。1946 年，通用汽车公司工人举行长达 113 天的大罢工。1948 年，三大汽车巨头被迫与 UAW 签署协定，答应给予员工高福利和高工资。在随后近半个世纪的时间里，汽车行业迅速发展带来的巨额利润，可以覆盖高福利和高工资，但随着全球汽车行业竞争加剧，这种模式就难以为继了。

此时，工会变强大了，垄断了就业机会。现在谁需要公平正义？企业家需要公平正义。福特在 2006 年的员工平均工资是 14 万美元，通用约为 14.7 万美元，丰田、本田和日产为 9.6 万美元，而普通大学教授的平均年薪约为 9.3 万美元。

劳资之间力量失衡，就没有真正的公平正义了。

第三个感受：要有公民社会来制衡一个政府的决策。

政府在城市已经衰落的情况下，还大兴土木搞城市更新，显然是有问题的，那么谁来制衡一个政府的决策呢？答案只有一个，就是公民社会。

我请教了我在底特律的朋友米兰。米兰说，他不喜欢民主，因为底特律 80%的人都是黑人，一人一票的事情白人没有话语权。在底特律旁边，有一个小城市叫韦斯特兰，韦斯特兰的市长威廉说，底特律的问题出在腐败。有一个规划师叫里欧，他说他寻找能够公正地代表民意的人已经有20年了。因此，在整个城市更新中，没有人组织公众发声来制衡政府的决策。有一个建筑师叫卡杜辛，他说危机来了大家都担忧自己，没有人考虑这座城市。所以我自己的感受是，公民社会是其他运动，例如工人运动、民权运动所不能代替的。

第四个感受：不同发展水平的城市，衰落水平不同。

汽车行业发展带动了整个区域发展，曾经的高速发展惠及几代人，区域内许多城市至今富裕繁荣，产业发展带来收入水平、知识水平的提升。所以，底特律不同于费城，不同于纽约，不同于田园城市莱其沃斯，也不同于港口城市利物浦，底特律是在汽车产业巅峰上衰落的城市，拥有高起点的资源存量。城市的发展水平不同，衰落的水平也不一样。我们总说“先污染，后治理”，也就是说发展之后的衰落总比发展之前的衰落好。因为底特律是汽车城，所以衰落之后下岗的全是汽车工人。假如它是一个矿业城市，下岗的就都是矿山工人。底特律的这种衰落和我们中国的煤矿、油田等资源枯竭型城市不一样。它有更为深厚的技术基础和文化储备。

最后，我也在问自己，底特律是不是在复兴？今天在市中心不少年轻人出现了，很多人在充满创意的氛围中工作，而且有不少艺术、时尚行业的小企业在活化的老旧工业空间中开辟出新的业态。

连通中城与下城的“M—1”轨道正在铺设，在市中心雅典娜女神雕塑的脚下，一个人造沙滩为上百名儿童和他们的家庭带来无穷的乐趣（如图 1-9）。“破产是衰退的终结，底特律将因此重生。”

图 1-9　雅典娜女神雕塑脚下的人造沙滩

如今，底特律又赶上了新一轮的技术革命。21 世纪以来，金融类的企业以互联网武装，手表、自行车采用新的工业设计、3D 打印，一个由众多创意型小微企业填补制造业转移带来的产业空间的时代到来了。创意型小微企业将大量不同种族的白领带回市中心，令城市重拾活力。互联网金融出现之后，有一个企业叫作“快捷贷款企业”。这家企业非常聪明，大举进驻市中心，在市中心买下了大量的建筑，把郊区的企业转回市中心。空房子成为转型空间，过去的半个世纪里底特律流失了百万人口，空出了太多的空房子——火车站、厂房、酒店、住宅。以低租金吸引创新型产业，是底特律在新一轮竞争中的独到优势。本轮复兴，不仅依靠大量的建设项目，更重要的是近年来新人群开始进入底特律市中心，其中大学生占40%。底特律的复兴政策关注到人，希望引进人才特别是华人。“移民是美国兴旺的秘密”。

我看到了一个老建筑活化的非常典型的案例。这个老建筑是一个非常好的餐饮空间，它以前是一个工业厂房，这个工业厂房被设计得非常有艺术氛围，是在1890年建的，人们在20世纪90年代把它重新做成一个消费场所。我们来到的是原来工厂的室外院落，这个工厂是一个三合院，现在加了雕塑，把人的视线引向房顶，房顶上面加了一个天棚，对面用结实的木结构搭起了一个新的室内空间。这样把室外空间室内化之后，厂房内部就变成了一个很棒的餐厅。

我走到这个地方的时候，一个服务员还特别跟我打了招呼，让我看一下墙上的证书。这是什么证书呢？是这个建筑获得过的吉尼斯世界纪录。像这样的地方非常多，底特律对老工业城市空间的改造是非常有发言权的。

有眼光的企业家重返市中心，Quicken Loans的老板Dan Gilbert从15年前开始，陆续买下市中心的70多栋楼，将原在郊区的企业搬进了市中心。在这家企业的人使Bruce的解说下，我们了解了正在底特律发生的城市复兴。许多创意行业的中小企业盘下曾经辉煌的空间，如厂房仓库、私人别墅，改造成办公室、精品店、工作室、旅馆等，每一个都是经典的改造案例。

走在 Quicken Loans 的办公楼里，我们可以看到一个个员工在工作台上张贴出自己表情夸张的大头像，让人走进他们的工作环境，就感到友善、快乐。工作台是可以升降的，升起来之后大家可以站着敲键盘，累了就把它放下来。到了地下室，打开一扇巨大的门，就是金库。走到金库里面，Bruce 拿起一张照片说，巴菲特曾经来过这里，这里有他的存折。

在这些老房子里，工人精雕细琢，做出有创意的作品。一家当年的老别墅，现在变成了一家酒店，而且老板把 4 个别墅买下来之后，一共改造出七八十个房间，非常有创意。奢侈品在这个城市也变成了一个特色，比如一个棒球帽能卖到 500 美元。

“中国人来了”，吸引来自中国的投资是美国中部各州共同的举措，据说，密歇根华人投资已达千亿美元，位列全美前 8 名。

图 1-10 中的这个小女孩是米兰的女儿，会说 5 种语言，其中一种是汉语。所以小女孩见到我们的时候说了“你好”。我问她叫什么名字，她回答：“我叫香奈儿。”她身后的姑娘来自一个民间的设计机构，由一家大银行付费来做整个城市更新的计划，这个计划包括 200 多个项目。

图 1-10　友好的底特律市民

底特律是不是在复兴？底特律能不能复兴？刚才，我已经指出城市中心的衰落是一代人的居住偏好和税收体制造成的。这座城市能不能复兴？14 亿美元投进来之后，人口会不会增加？税基会不会增加？我只能说："我不确定。"这句话是从哪儿来的呢？是《下城》那本书里讲到的：1944 年，在众议院道路委员会的听证会上，有人提问底特律市长爱德华·J. 杰弗里斯有关战后高速路计划的问题，"你真的认为我们应该鼓励美国人使用汽车吗？"杰弗里斯很坦率地表示："我不确定。"高速公路可以提高城市边缘地区到城市中心的通达性，但也可能有更多的人离开城市中心，直到底特律只剩工业，其他什么也留不下来，那样，城市就破产了。

城市发展是什么？城市发展是没有终场的竞赛，而且是一个有众多维度的竞赛。维度多到我们数不清楚，比如空间、生活、健康、文化、教育、科研、产业、环境。不同时代的人在改变，他们的改变推动城市的改变。每一个时代的人都在改变，中国人也正在改变。挑战是一个城市发展的契机，困境是一个城市发展的资源。现在底特律最大的资源是空房子，因为空房子太便宜了，那是它的一个资源。

优秀的城市是什么？是在某些文明维度改善或者提升的城市。比如深圳，就在一些维度上改善了、提升了。

伟大的城市是什么呢？是全方位引领人类文明前行的路标。

吴文媛 所谓公共资源，就是免费资源，如果一个城市中心区的资源没有免费的，那么这个城市将来可能会遭遇衰退。

我看到一个跟底特律不一样的城市中心区复兴的案例，是波士顿。它实际上是把公共资源重新编制到中心区去了。

李津逵 美国每一个城市都如同水密隔舱，一个城市破产，整个国家还能运转。而只要区域没有衰落，城市中心就不会衰落。

吴文媛 现在的城市中心区不是设施共享的。大量商业中心有两个参与主体，一是提供者，二是消费者。我说的公共产品需求是针对消费者的，消费者是有这个需求的，而这部分产品供给不足的时候，消费者就不去这个地方了。

李津逵 现在，在北京的二环和三环之间，大量的购物中心在衰退。但只要是公共空间，路灯、绿化、治安都不会有问题。

嘉　宾 中国的税收体制不一样，中国有国税、地税的划分，深圳市有一个分档税制调整制度。税赋是否会影响一个城市的发展呢？我也看过关于底特律兴衰的一些内容，主要还是产业化方面的问题。产业税收是真正支撑一个城市发展的基础。个人所交的税也是一部分，但是从我们国家层面来看，其所占的比例不是很大。

李津逵 美国的联邦、州是不同的行政主体，州下面是县，县下面的“地方”就是市和镇，还有学区、管理局。这些行政主体之间没有隶属关系，下级并不是被上级任命的，因此他只对自己的选民负责。

每一级行政主体有各自的税收来源。联邦和州分享所得税。州征收消费税，有些州的消费税高，有些州的消费税低，于是就会有人开着车去消费税低的邻州买东西。地方政府的收入从哪里来呢？一个县有 300 多个大小不同的市、镇等，它们的钱从哪里来？就靠物业税。一个城市里的房子按照房产评估价的 1%的税率来征税，人口减少，物业税就减少。

城市更新投资需要税收来偿还，但这些更新项目中真正能够赚钱的很少，比如球场 1 年就举办几场比赛，而且其所得税都交到州和联邦去了。底特律为了维持财政收入，提升了物业税的税率，而且底特律的税种有十几种，远远超过其他地方，这就会使居住人口进一步减少。所以我说，大兴土木可能会增加日益减少的居民的物业税。

嘉　宾　在城市层面，居民是否有权决定需不需要一个城市政府的管理？比如，是否有权决定他们需不需要纳税？如果我不想纳税，但是我又想有人来管理城市，怎么办？可以委托吗？

李津逵　您说的就是居民对税赋的态度，居民会用脚投票。这里税赋高，居民就不留在这里，而是去安娜堡，或者去其他的地方。所以大底特律区域内有很多的富人区。

嘉　宾　德国这座城市的改造模式是什么？是政府主导的，还是市场主导的？

曾　真　市场在这个过程中，起到了很大的作用。不过在大的方向上，肯定是政府起主要的作用。政府要讲究程序。对于城市的改造，政府要发挥主导性作用。但是具体的操作，还是由私有部门负责。我的理解是这样的。

后　记

2004年，综合开发研究院（中国·深圳）内外的一群有学术兴趣的朋友共同发起了银湖沙龙这个公益性学术平台，迄今，银湖沙龙走过了十六个春秋，举办了一百五十多期。

我们从中遴选相应的话题，先后出版了《我们的乡村》《我们的深圳》《我们的未来》《我们的社会》四本集子，以飨读者。

当今世界正处于百年未有之大变局中，此次我们又将银湖沙龙探讨世界各国的城市化、气候治理、海洋、文化创意等相关的话题，集结成《我们的世界》，呈现在您的面前。此时此刻，过往一期期的画面又浮现我们眼前，有热烈的辩论，也有理性的回应。期待未来昨日依旧！

感谢综合开发研究院（中国·深圳）历任领导的长期支持和包容；感谢宋华、廖令鹏为这本书做出的努力；感谢张帆、张礼均、张保胜等信息和后勤部门的同事对银湖沙龙的热心服务；感谢程旭玲耐心细致地与出版社联络和沟通。特别要感谢银湖沙龙每一位讲者、主持人、点评专家的思想贡献；感谢一直以来关心和支持银湖沙龙的其他朋友们！最后感谢深圳市综研软科学发展基金会对本书的出版资助！

我们衷心地欢迎读者朋友不吝赐教，并参与银湖沙龙的活动！

二零二零年一月

深圳市综研软科学发展基金会资助出版

Our World
Proceedings of Silver Lake Salon